To dear Veria
with 1
from
28.12.16.

GW00703419

THE CITY WHERE DREAMS COME TRUE

GULSIFAT SHAHIDI

ГОРОД ГДЕ СБЫВАЮТСЯ МЕЧТЫ

HERTFORDSHIRE PRESS

Published in United Kingdom
Hertfordshire Press Ltd © 2016

9 Cherry Bank, Chapel Street
Hemel Hempstead, Herts.
HP2 5DE, United Kingdom

e-mail: publisher@hertfordshirepress.com
www.hertfordshirepress.com

THE CITY WHERE DREAMS COME TRUE
by Gulsifat Shahidi ©
English / Russian

Edited by Laura Hamilton
Translated by Altima Group
Typesetting All Well Solutions
Project Manager Anna Lari
Illustrations Olim Kamolov, Sarvinoz Khodjieva

*British Library Catalogue in Publication Data
A catalogue record for this book is available from the British Library
Library of Congress in Publication Data
A catalogue record for this book has been requested*

ISBN 978-1-910886-20-5

CONTENTS

Dear Reader,

In your hands you're holding an edition of 'The City where Dreams come true'; a book written by a wonderful writer and an amazing woman: Gulsifat Shahidi.

For her literary craft in promoting peace, friendship and mutual understanding across nations, Gulsifat Shahidi was awarded the 'Golub Mira' or gold medal: the highest honour bestowed by the International Association: 'Generals of the World for Peace'. The award, represents public recognition for long-term peacekeeping efforts in promoting the resolution of military conflicts and providing help to people living in regions of conflict.

'The City where Dreams come true' is a remarkable story of intertwined human destinies, uniting difficulties of the past with the present. The author shows how struggles for survival along a path filled with troubles can ultimately lead to one's spiritual revival.

Gulsifat Shahidi graduated from Tajik National University with the degree in Journalism, before becoming engaged in scientific work and defending her thesis: 'Tajik-Russian Literary Relations in the 1920s and '30s '. Gulsifat then worked as editor in chief of ITRC for 'Mir' (the Tajik branch). She has been published in Tajikistan and Russia.

This masterpiece has been acknowledged by generals from all over the world, through the award given by the the supervisory board of The International Association: 'Generals of the World for Peace'. They now look forward to the publication of new works by Gulsifat Shahidi which will further evidence her incredible talent.

A.Skargin General Director
The International Association 'Generals of the World for Peace'

Уважаемый читатель,

Вы держите в руках авторский экземпляр книги «Город, где сбываются мечты» замечательной писательницы и удивительной женщины Гульсифат Шахиди.

За своё произведение, как лучшей литературной работы, посвящённой тематике укрепления мира, дружбы и взаимопонимания между народами Гульсифат Шахиди удостоена высокой чести – она награждена золотой медалью «Голубь мира» Международной ассоциации «Генералы мира – за мир», в знак общественного признания и многолетние миротворческие усилия в содействии урегулирования военных конфликтов и помощи жителям конфликтных регионов.

"Город, где сбываются мечты"- удивительная история, переплетающихся человеческих судеб. Охватывая нелёгкое прошлое, соединённая с настоящим, автор повествует о борьбе людей за выживание, о пути прохождения трудностей и возрождении духовных сил человека.

Гульсифат Шахиди окончила факультет журналистики Таджикского университета, занималась научной работой, защитила диссертацию на тему «Таджикско-русские литературные связи 20–30-ых годов XX века». Работала в таджикском филиале МГТРК «Мир» главным редактором радио и телевидения. Публиковалась в печатных изданиях Таджикистана и России.

Вручая золотую медаль «Голубь мира» наблюдательный совет Международной ассоциации «Генералы мира – за мир», в составе которого генералы многих стран мира, высоко ценят творчество автора этой книги, и выражает надежду на выход в свет новых произведений, как доказательство прекрасного таланта Гульсифат Шахиди.

А.Скаргин Генеральный директор
Международной ассоциации «Генералы мира – за мир»

Dear Friends!

Fate has provided me with the opportunity to introduce you to a book written by my colleague Gulsifat Shahidi on the philosophical theme: "If I had been master of my own destiny…"

By happy coincidence, I was the first to read and then edit, these short stories when they were published in Russian.

Gulsifat Shahidi is an author with extensive journalistic experience, who has turned to literature to vividly focus on the lives of people of different generations, who refused to be broken by the tragic events of the civil war in Tajikistan between 1990 and 1993.

Each story is permeated with human pain and the empathy of the author who also found herself in the midst of military activity. In the heroes of the stories, readers might recognize themselves, their relatives, friends, acquaintances or neighbours. Moreover, they will undoubtedly fall in love with the wonderful young men; Ali and Shernazar, as well as grandfather Horosho[1], and will be charmed by a girl named Nekhbat.

The author imbues the book with love for her native Tajikistan, for sunny Dushanbe; the most beautiful city in the world, and for the people who preserve the spirit and traditions of the ancient Aryan culture.

The author infiltrates her stories with lines of poetry by the Tajik-Persian poets who enriched the modern Russian language, with the vitality of their immortal creations.

The four stories, "I will make you Happy", "Everything is going to be all right", "Love conquers all" and "If I had been Master of my own Destiny…" are united by a common theme and the author's faith in a bright future for her homeland.

---

[1] Horosho (*"хорошо"*) – all right

Having spent twenty years of my life in the country, I too, have concerns about the fate of Tajikistan.

I first met Gulsifat Shahidi in the editorial office of the republican newspaper "Komsomoets Tajikistana"[2]. Gulya, as she became known to us, was the mother of a young child and had graduated in journalism from Tajik University. Like her, I was the mother of a pre-school child but at that time, had acquired less creative experience since gaining a diploma in journalism from Kazan University.

We became immediate friends and talked a lot about life, our profession and our children. Gulsifat's husband Tolib Shahidi, a promising and now famous composer, accepted me like a relative into their family. I have always been fond of the theatre and cinema and Tolib's introductions to his friends - composers, artists, writers, actors and directors – proved very useful in the editorial department of Tajik culture TASU - TajikTA, where I was soon invited to work.

Gulya and I were close not only in our creative outlook, but also in our personalities. I remember her mother very well, with her pale skin and blue eyes. I called her Aunt Masha, in the Russian style. I once asked her about the origin of her daughter's unusual name, Gulsifat. -Verajon, - she said tenderly – "gul" in the Tajik language means 'flower', and 'sifat' means 'quality'. Thus, 'Gulsifat' means a flower of the finest quality."

I was happy for Gulya as she succeeded in her field and used to tease her by saying: –No wonder I find it impossible to keep up with you: your very name is a sign of your quality!-

Life's hardships eventually exhausted Gulya's mother's health and her kind heart gave up. At the funeral, as I was comforting my grief-stricken friend, I had a premonition that very soon, I too would become an orphan. A few months later my mother died. It was then Gulya's turn to comfort me, whilst emphasizing that the time had

---

[2] "The Komsomol of Tajikistan"

now come for us to take on the mantle of our parents, for the sake of our children's future.

The advent of Civil war in the early '90s scattered us in different directions. My husband and I moved to the Tula region and my friends, the Shahidi family, settled in Moscow. Throughout my twenty years in Russia, I kept up correspondence with both the Shahidis and with loyal colleagues still living in Dushanbe and so was kept abreast of changes in both their lives and that of the republic.

More than once, Gulya, Tolib and I discussed the problems spawned by a separation of nations. We were equally worried about the increasing trend of Central Asian immigrants being banished from Russian cities. In the history of humanity and in every religion, it is taught that good and evil have no nationality, but in every nation, there are good and bad people.

My dear fellow countrymen read Gulsifat Shahidi's stories and perhaps together, we will come closer to realizing what we're doing wrong and what can be done, to change the fate of our country.

Vera Deynichenko

Gulsifat Shahidi

I was born in Leningrad in 1955, where my parents lived and studied. According to my mother, children of the postwar generation rarely came into the world healthy. My extraordinary birth- weight of 5 kilograms surprised everyone and the doctors declared me the most perfectly healthy baby. My birth weight was even posted by a Leningrad newspaper, causing my mother to often joke that my profession as a journalist was set from the very start of my life.

And so it came to be: I graduated in journalism from Tajik University, worked for the republican youth newspaper, undertook scientific research, and completed my thesis on "Twentieth Century Tajik-Russian literary connections in the 1920s-'30s."

I later worked in the Tajik branch ISTRC "Mir", as chief editor of Radio and Television and had my work published in Tajikistan and Russia.

This collection of stories was first published in Russian but it is my hope that the English edition is just the start of it being translated into other languages.

Gulsifat Shahidi

1. I WILL MAKE YOU HAPPY

Ali's story

A Lifelong Day...

I never thought that days could be so long. For the first time ever, I was aware of every passing second, every moment and my every breath ... My entire existence was consumed by thoughts and memories of you. On that day, I realized that time sometimes moves more slowly to give us the chance to sort through pages of the past and evaluate the present, through a prism of memories.

Finally, after a long drive to the airport and the usual security procedures, I took my seat. The plane took off towards my long-awaited rendezvous with my hometown and my beloved, whose very existence is what gives my life its meaning...

Memory, is as unwritten book: it tracks your travels through life and sometimes, you find it hard to believe that you experienced, and survived, such difficult and unpredictable journeys...

... I met my teacher for the first time when I was only seven years old. She had arrived with her young husband, who had been appointed director of the new school built for settlers in our village, and because she hailed from Badakhshan, was known by locals as a *Pamir dweller*. Feeling dissatisfied with life amongst their relatives, they had made the decision to leave their homeland and to the delight of we children living on the Afghanistan border, began working in our school. She taught English and worked as the librarian and later on, became our primary school teacher. My father was chairman of the kolhoz[3] . Like many young people during the years of perestroika,

---

[3] Collective farm in Soviet Union

he had been elected for this position and far from refusing to take it on, embraced the opportunity to fight against the corrupt "new Tajiks". He sent many of those engaged in racketeering to prison: an act which was to play a fatal role in the future of our family.

My teacher, known as muallim[4], often lent me her small cassette recorder along with audio courses in English, so that I could learn how to pronounce words correctly. She also ordered and brought a lot of books for the library and it is thanks to her that I came to love reading, not only in my native Tajik, but also in Russian and English. This first key teacher in my life never tired of commenting on my unusual thirst for languages and told me that because I was her best student, I would achieve great things.

Soon muallim gave birth to a daughter: a beautiful girl who looked like an angel with her blue eyes and dark blond-hair. She named her Nekbaht, which in Tajik means "happy". I was always pleased to be of help and asked my mother, who was on maternity leave taking care of my little sister, to help her, too. Mum gladly agreed. We did our best, so that muallim could continue working in the seriously understaffed school.

There were no signs of any impending danger. Our lives were prosperous and we made plans for our future. But then in the 1990s, civil war broke out in Tajikistan. God forbid that anyone should ever again experience an event more senseless and cruel: Its impact on the lives of those directly involved was unimaginable…

At the beginning of the war, many people escaped from the prisons, including someone sentenced by my father. It was inevitable that this murderer, who soon became the leader of a new gang, should nurse a terrible desire to return to the kolhoz and wreak vengeance upon my father. And he succeeded.

---

[4] *Muallim – "teacher"* (Tajik)

The villagers were forced to spend many troubled days and nights consumed by worry about how they could possibly escape the impending danger. No one could understand how the militants had managed to acquire so many weapons but it was only after an attack on the garrison, that the Russian border guards became actively involved in countering hostilities. As for the locals, they simply had no comprehension of the full extent of the horrors in store..

On that tragic day, I was sitting by the river with a book, tape recorder and headphones, trying to memorize a new text. I felt divorced from the world when up in the high tugais[5] ; a place where I liked to sit for hours, reading and studying new words and their pronunciation. In fine weather, I also loved to swim there. On that day, my mother worried by military events, prohibited me from going but for once, I didn't listen to her. I still hate myself for that , even though there is little I could have done if I'd been with them during those terrible tragic moments.

When I saw the raging crowd of people gathering on the bank, I sped to the ferry. The border guards were suddenly alerted to a heavily armed group of militants advancing towards the ferry from the Afghan territory but unprepared for the attack, could not protect the town folk. I watched as our neighbours, friends and relatives boarded the craft, but couldn't see my parents and little sister anywhere. I noticed my muallim with her daughter in her arms, but her husband was nowhere to be seen.

Both sides started firing large-caliber guns. I didn't reach the raft before it sailed off, but when it was hit by a shell, I rushed into the river and swam after it. Over the roar of gunfire, I heard people

---

[5] *Ariparian forest* - forested or wooded area of land adjacent to a body of water such as ariver,stream,pond,lake,marshland,estuary,canal,sinkorreservoir.

screaming and wailing , then Muallim saw me and pointed towards her daughter, struggling in the water.

Her last word was "Nekbaht" and the look in her eyes, imploring me to save her daughter, will remain in my memory forever.

I swam down the river far away from the ferry. As the echoes of the day's tragic event began to subside, I came ashore with little Nekbaht. She was crying and calling for her mother. I didn't know how to comfort her, and we wept together. I looked into the baby's eyes, red-rimmed from crying, and repeated like an incantation: –I will make you, *Nekbaht,* happy!-

Once we had rested, we wandered down the road where we were picked up by tanks from the Russian division. They were in a hurry to rescue the border guards. When we reached the village, I could not believe my eyes: the newly built town, along with my school, had been razed to the ground. I ran home and through my tears, saw that my father's house had been also been burnt down. I was then struck by the sickening realization that it was here, that my parents and little sister had perished and would remain forever more... A year later, I learned it all of this had been the revenge of that true scum of the earth; the murderous leader of the gang.

I did not know what to do next; what was there left to live for? If it had not been for you, Nekbaht, I would not have hesitated. I would have taken the gun and gone to avenge my family. But now, I was responsible for you. Fortunately, there were Russian tanks returning to the Dushanbe garrison and they took us with them. The Commander, assuming you were a Russian orphan, offered to take you to safety but you were holding onto me so tightly, he had to take me, too. I ran to the river and retrieved my tape recorder and book – all that was left of my former life - and saying goodbye to my carefree childhood, embarked upon a new life, full of suspense and anxiety. In that one day, I matured many years ...

I was aroused from my reverie by the air stewardess offering me breakfast. Because I'd been anxious about the flight, I had not eaten the day before and now hungry, was glad of some food.

We travelled to Dushanbe in an old GAP truck. On the way, the Commander listened to my sad story about the events that had occurred and was amazed to hear that Nekbaht was Tajik. Having learned that my uncle lived in Dushanbe, he asked if I knew his address and when I told him that I didn't, he promised to help. And you, little one, slept in my arms all the way.

I knew about Dushanbe from television broadcasts and muallim's stories; she had loved the city and considered it the best in the world. Back then, I probably imagined Dushanbe to be like Paris or Moscow. It sounds funny, but that's how it was. I was impatient to see it and had long dreamt about enrolling at the university after finishing school. Fate, however, had a different hand to play.

During the years of perestroika, my uncle moved to Dushanbe. He had a large family of ten children: the five eldest were girls, and the five youngest, boys. The girls were already married. Uncle had opened up his own business – he was engaged in car maintenance- and all his sons became his assistants.

The Commander found my uncle's address at the registry office, and took us to him. All of our relatives already knew about the events in our village, and my appearance came as a complete surprise to my uncle. He wept and rejoiced at the same time. Then hearing about the full extent of the tragedy, he lamented for several hours. The next day made arrangements for the funerals. Afterwards, he told me his plan: I would continue studying at school alongside helping him in the business. I agreed and then timidly asked what would happen to Nekbaht?

Uncle proposed to search for your relatives so that they could look after you, Nekbaht! My heart ached. I remembered the look in my teacher's eyes and firmly announced that I had sworn to always keep her daughter by my side. And so a decision was made.

Life in my uncle's house was a great test for me but also, a blessing in disguise. I studied well but work in my uncle's garage was too much for a teenager. A half-day's work was so exhausting that I could barely recall how I made it home afterwards and only you Nekbaht, with your joy and bright eyes helped dispel my fatigue. His sons were not particularly happy to have us there; things were difficult for them too. Every night we had to queue for bread as a result of the constant interruptions to deliveries of food.

During the civil war many international organizations were set up, and each had its own garage. There was plenty of work. When my uncle discovered that I spoke good English, he also began to use me as an interpreter. It was difficult, but the instructions for each machine, which always lay in the glove compartments, were helpful. My uncle was happy and the profile of our clientele changed immediately. People from the embassies started employing us and earnings rose.

Life was gradually improving. You were the only one, Nekbaht, who often felt sad and increasingly absorbed in work and study, I spent less and less time with you. I left when you were still asleep, and came back when you were in bed. And then there was uncle's youngest son – a naughty kid and rascal – who never left you in peace.

Near the house was a foster home and the director regularly brought in his car – a 20 year old pile of junk- for repairs. He was very fond of me because in contrast to the brothers who had no interest in the old jalopy, I was always willing to repair it. I knew how hard it was for everyone back then. I spoke to the director about you, Nekbaht, telling him that I was your older brother. And without hesitation, he offered to register you in the foster home with the proviso that I would constantly visit my little sister.

You became the darling of the foster home and everyone called you "dolly". And my soul found peace when at last; my uncle stopped looking for your relatives. Everything in my life began to change.

The representative of the UN peacekeeping mission often left his SUV for repairs in uncle's garage. I noticed that he listened intently as I translated. He watched me working and found out where I studied and very soon, invited me to enroll in the International School which had just opened in Dushanbe. Gifted orphan children were given the opportunity to study free and he promised to apply on my behalf, with a letter of recommendation. I could not believe such a turn of fate. My uncle was not happy - because I was an important asset to his business - but I assured him that I would always be there to help.

Sir John, the UN officer, came for me on the appointed day and took me to school. On the way, I told him about you, Nekbaht, and he decided to accompany me the orphanage to see if he could make my little sister happy. John went to speak to the director whilst I spent time with you. I don't know what they talked about, but thereafter, life in the foster home changed for the better. Indirectly, my Nekbaht, your being there brought new happiness to disadvantaged orphans. The director often spoke to me about it. A brand new minibus appeared, the buildings were refurbished and the home was better provided with food and clothing.

Later, however...

The City where Dreams come true

On our way to school, I looked in awe at the streets and squares, the shady avenues and parks, the beautiful buildings and monuments, aware that because of the bustle of everyday life, I hadn't really seen the city at all. And it was so beautiful! I can now confirm that this is undoubtedly the best city in the world! I saw places that my favorite teacher had told me about: the Opera and Ballet, the library named after Ferdowsi, and the University where she studied...

My years of study at the school passed quickly. I became the top graduate and worked part- time as a translator. You, Nekbaht, were already in fifth grade. Your marks were excellent, and more and more, you resembled your mother. Yet there were times when you looked so downcast, especially when I shared my plans to study abroad or told you that I had to travel to other parts of the country, as Sir John's interpreter. There were many such trips because everything in the country was gradually returning to normal.

You felt everything so keenly...

... It was during one of these trips that we encountered the unexpected. Sir John had taken me to Garm for a meeting with the commander of the opposition group. There were no signs of trouble. The checkpoints increased as we drew close to the meeting place. At last, we got out of the car, and when their leader emerged I immediately recognized those predatory eyes. Yes, it was he who had killed my parents, my little sister and our neighbours. I remembered those eyes from when he was led into the courtroom under police escort. The process was demonstrative and was held in the assembly hall of our school. Pupils were allowed to go home, but I had stayed in the library.

The bandit caught my eye, and although he did not recognize me, he realized that I knew something about him. By way of introduction, he began shooting at our feet and laughed as we jumped. It was a highly alarming. He then calmed down and told Sir John that he could go. But I was to be taken hostage. Sir John contacted the commander of the detachment of the opposition to make him aware of the situation and he in turn, called the head of the checkpoint. After some time, the commander dismissed me with the words "sagbacha, man tura az tagi zaminam meyobam - son of a bitch, I will get you, even if I'm forced underground! - And inwardly, I replied: – No: it is I who will seek you out. And you will answer big time for everything you've done!-

After that, Sir John never took me with him again and decided that instead, I should go away to study as soon as possible.

Before leaving, my Nekbaht, I often picked you up from the foster home. We walked the shady streets of my beloved city and along the central avenue that the people of Dushanbe proudly call

"Lovers' Alley". We visited the park with its thousand-year-old plane trees and made wishes. You had no notion that my main wish was to see you in a white dress standing next to me and that we would never again be apart…

Dushanbe is the city where dreams come true. And this dream of mine would definitely come true! I believed in it. I made a promise to make you happy and ensure that you would never be lonely.

"Would you like dinner?" The voice of the smiling stewardess brought me back to reality. After the meal, I decided to sleep to pass the time. But my thoughts allowed me no rest.

Before leaving to study, I was particularly bothered by the knowledge that I would be unable to track down and punish that villain and murderer. It was he who would find us and you, Nekbaht, were in danger. I recalled the time when I was taken from my uncle's workshop and brought before the National Security Committee, following the complaint of neighbour who alleged that I was a spy and worked with foreigners. When Sir John found out, he met with the minister and settled everything. The minister seemed a reasonable and honest man and when we parted he told me: –If you encounter further problems, please contact me direct-. And so I went to the ministry, to tell him about my family's killer. The minister remembered our last meeting and agreed to see me immediately. He listened attentively to what had happened at the checkpoint, and about the gangster who had made so many people to suffer. He assured me that although the criminal was currently hiding in Dushanbe, he would soon be caught. He also gave me his direct phone number for emergencies.

That evening, I heard on the news that one of the most violent gang leaders in Dushanbe had been neutralized. The next morning I called the minister and thanked him for everything but he responded by saying – Its Sir John you should be thanking. After all, he was the one who first warned us of the danger and he, who provided us with the coordinates of that villain's hideout. –

On the day before my departure, I could not stop talking to you, Nekbaht, and I promised again, that you would never be lonely. You cried. After all, you were still a child even though we children of the war, had to grow up very early ...

A few months before I left I asked Sir John to provide the foster home with computers and lessons on how to use them, and I gave you, Nekbaht, my favorite old cassette player and book which were gifts from your mother. At first, you did not want to let me go, and it was only the old director of foster home who was able to console you. He assured us both, that he would care for you like his own daughter.

Studying abroad came naturally to me. Sir John was also transferred to a new location. And our virtual relationship over the network began. We were far and near: we talked a lot, but could not feel the intimacy. You blossomed, Nekbaht, and in my eyes and because I loved you, became a real beauty. Your resemblance to your mother went beyond appearance; like her, you were clever, modest and diligent. You were an excellent student and according to the director, the whole foster home was in love with you.

I did not go home in the holidays since I was busy earning money for our wedding. I wanted to arrange it in the city of my dreams once our studies had finished. And you agreed…

The captain announced our landing in Dushanbe. I looked out the window, longing to see you, my darling.

You greeted me with flowers and tears ... Next to you were those we loved most: the director of the foster home, my uncle, and ... that was all. I have many friends and relatives but those who are closest, I could count on my fingers ... Only God and you, my dear, could know how happy I was. We drove through the streets of my most favourite city in the world - Dushanbe. It has changed a lot over the years, and begun to grow and become like other cities. Yet it still had that special charm that I have always admired, and unique colours and landscapes that do not exist anywhere else in the world! A lovely city where all my dreams came true...

I realized that there are no bad places and people in the world. People are different. I have been lucky in life: I had good parents, a teacher who opened up the whole world to me, and you - my Nekbaht. There was the Russian commander who, at his own risk, helped us escape the hostilities, my uncle, who gave us bread and shelter, despite difficulties, and Sir John, who became a father figure and showed me the way in this huge world ... The world is not without good people and it is inherent that I join them at the helm, to bring joy, kindness and happiness to others. And I'll begin this righteous path with you.

I will make you happy, my beloved Nekbaht.

2. EVERYTHING IS GOING TO BE ALL RIGHT...

Grandpa's story

The Pamir Dweller from St. Petersburg

A few years ago I came to St. Petersburg to earn money. I come from Darmoraht, a distant mountain village located 2,000 metres above sea level, amidst the beautiful valleys of the highest Pamir Mountains. Some people called me a *gastarbeiter*, a name which I didn't understand, but I was a master of my craft and always found jobs building cottages. In general, people in St. Petersburg are very similar to my compatriots; friendly and good-natured. Many were curious about my correct Russian language, and even more so, about my name. I worked and lived well, and most importantly, my grandchildren were satisfied, now they had enough money to live on. I called myself the St. Petersburg Pamir dweller. And I always liked to recall lines of my favourite poet Khayyam:

> *We change rivers, cities, countries,*
> *New doors on our paths, new years.*
> *But we cannot hide from ourselves,*
> *And if we try, there's no place to go...*

That summer, it was hot in Russia; forests were burning, and everyone moved out to their country houses. All of my neighbours knew me well; which proved to be a blessing in disguise. On the day I felt sick and fainted, the holidaymakers immediately called an ambulance, and I woke up in hospital. Here, I was registered in the usual way; by my name and nationality. The nurse who filled out my medical history smiled as she exclaimed: –What an unusual surname!- and when I said that I was a Pamir dweller, a doctor asked me whether such a nationality actually existed.

A few minutes later, after all these procedures, I was taken to the operating room and a doctor, wearing a gauze mask over his face, approached me and asked in Tajik:

- Hubed, padardzhoni pomirii man? - How are you feeling, my father from the Pamir? - I was scared, but his kind eyes gave me confidence and I replied:
- Pisaram, bad ne: not so bad, my son.-

He assured me that I was going to be all right, and as I fell under the general anesthetic, I believed him. It turned out I had appendicitis and the onset of peritonitis. The operation lasted exactly six hours. I regained consciousness late in the evening but was very weak. When I opened my eyes, I saw the doctor who had comforted me before the operation. He had taken off the mask and I immediately felt an ache in my heart: He looked just like my younger son! He was as tall and handsome as my son, but his eyes were almond-shaped.

- So, how are you doing? - asked the doctor.
- Alive, thank God, - I replied.

He felt my pulse and asked the nurse to monitor my condition. Then, as he bade me goodbye, told me that he had switched shifts with a colleague and would be on duty all night. I later learned that he had done so, especially for me.

Because of the pain, it was a long time before I was able to fall asleep. My doctor made frequent visits to the ward, with new procedures for the nurse who in turn, fussed over me. Finally, I fell into a slumber and in the morning, felt better.

During his morning round, my doctor was accompanied by a professor who told me that he only entrusted such complicated surgeries to Farhod, my doctor. He assured me that everything was going to be all right. We smiled at each other, and I knew that he understood the meaning of my name.

And this is how it came about. After he married, my father, Shovalishoev Kadamsho had one daughter. Boys were then born each year, but for some reason, only lived for a short period of time before they passed away.

Father's grief knew no bounds; everyone said that the cause was inbreeding... Father, a legendary builder from a very famous family, would have liked to pass on his skills to sons and so was very upset. When I was born, my father did not give me name for a long time, fearing that I too, would not survive. That year students from the University of Leningrad came to our village. They were studying to become orientalists and wanted to learn languages of the Pamir. Among them was a very handsome student from Dushanbe. Known by his peers as Petrovich, he has since become one of the country's most established scientists. He was a funny lad. The students went from door to door to record local folklore and interesting stories, narrated by the villagers. When they called at our house, my father told his sad story. Petrovich, with his usual gaiety, offered to find me a name which would ensure that I would live for a long time. When he learned that grandfather's name was Shovalisho, and father's name was Kadamsho, he suggested calling me Horosho. He explained that "horo" meant "granite", "sho"- "king"; so my name would mean "let his health be as strong as granite". My father, who did not know Russian, rushed into the office and once he had looked up the meaning of these words for himself, rejoiced even more! To everyone's delight, I thrived and became a true stalwart! That is how I became known as Shovalishoev Horosho Kadamshoevich. The professor laughed heartily and then pronounced that with such a name, everything was going to be "horosho" – all right.

Farhod promised to send one more of my countrymen to my ward; a Tajik Armenian

When Farhod's friend came up to me, he gaily introduced himself in pure Tajik southern dialect: –"Man Khachik, tochiki Armani ay chigari Kulov" – I am Khachik, a Tajik Armenian from the liver of Kulyab: a genuine Kulyab[6] dweller. - We laughed so loudly that we alarmed the nurse, who waiting to give me a shot, asked:

– Well, friend of the descendant of Avicenna, are you in pain? -

Khachik told her that only Farhod was a true and worthy descendant of Avicenna, whilst we just stood on the sidelines. When we were alone, I asked Khachik where he acquired his Tajik dialect, and he told me an interesting story about his life.

... Khachatur's parents had gone to work on the construction of the All-Union; the Nurek hydropower plant. They lived in a Tajik village and because Russian schools had yet to be established in the area, he studied in Tajik to grade 5. All of his friends were local lads, so he began to speak in dialect. Then his father was invited to work in General Administration and they moved to Dushanbe.

– That is how I became Tajik Armenian, - declared Khachik with pride. He then asked me why, on admission to the hospital, I had called myself a Pamirian.
– There are particular reasons for that, - I said sadly and looked away. Khachatur nodded and continued with his story.

In the early nineties, nationalist agitation rose up in Dushanbe and a key issue was the perceived, preferential treatment of Armenians: the city authorities had allocated apartments to Armenians, leaving the Tajiks with nowhere to live. And the massacres began. The Khachatur family lived on the first floor of a multi-storey building. All the inhabitants, and they were mostly Tajiks, defended their right

---

[6] *Kulyab* - is a city in Kulob district,Khatlon Province,Tajikistan. Located south-east of the capital Dushanbe.

to reside there. In the same house, lived Farhod with his parents and three brothers. Their families became good friends.

Khachatur was musician who played the duduk[7] , an ancient Armenian instrument, as well as the clarinet. His passion for music was shared by Farhod and his brothers who played as a hobby. Together, they created an ensemble and soon found themselves in popular demand to play at celebrations throughout the city.

During the civil war, Khachatur and Farhod remained close, supporting each other as best as they could.

One day, during these troubled times; a respectable-looking man turned up in an SUV and asked them to play at a family wedding. Being young and naïve, and attracted by the chance to earn a lot of money, the lads quickly agreed without bothering to consult their parents. They were taken by the man to an unknown destination in the mountains. At first, everything was fine, but then... God knows how they survived.

A week later, there was a report on the death of a famous artist named Karomatullo, who had also been taken to the wedding attended by the musicians. And no-one else, apart from them, had come back...

We say that friends are the reflection of each other. I felt happy for my doctor Farhod's wonderful friend. Khachik left but his story remained in my thoughts for a long time. Those years had not been easy for anyone and I was certainly not alone in my trials ...

The next morning when my doctor came to see me, I began to thank him for saving my life but he modestly replied that it was his job, and the people I should be really be thanking , were the holidaymakers. Had it not been for their quick actions, I would

---

[7] **Duduk** *(doo-dook; Armenian: դուդուկ)* is an ancientdouble-reedwoodwindflute made of apricot wood. It is indigenous to Armenia.[3][4]It is commonly played in pairs: while the first player plays the song, the second plays a steady drone, and the sound of the two instruments together creates a richer, more haunting sound.

not have survived. Instead of prescribing more medicines, he then recited lines by the poet, Khayyam:

> *Other than suffer uselessly for general happiness,*
> *It is better to give happiness to someone close.*
> *It is better to bind a friend with your kindness,*
> *Other than to release humanity from bounds.*

The Descendant of Avicenna

That evening, Farhod kept his promise to spend some time with me as soon as he was off duty. Smiling, he sat down at my bedside to listen to my sad story:
... I had the best childhood. My father absolutely adored me and taught me all the nuances of the construction trade. When I graduated from high school, I was already a jack-of-all-trades but nevertheless, my father insisted that I gain a higher education at the University's Polytechnic.

> – That sounds typical - interrupted Farhod gently – it's no wonder that they say that in the Pamir, even herders have a higher education.
> – Yes, - I agreed, with a smile.

... I went to the capital, enrolled on a construction course and five years later, returned as a graduate. My father and I built so many houses! I married and had a daughter followed by two sons.

The children grew up very fast. My daughter went to study in Dushanbe and was an excellent student who spoke foreign languages with as much ease as her mother tongue. She fell in love with a fellow student and married. My wife and I were against it: the young man was not "one of us"; he was not from the Pamir. But our daughter paid no heed and offended by our objections, left to work as a teacher in a rural school far from home. And then I too, felt offended.

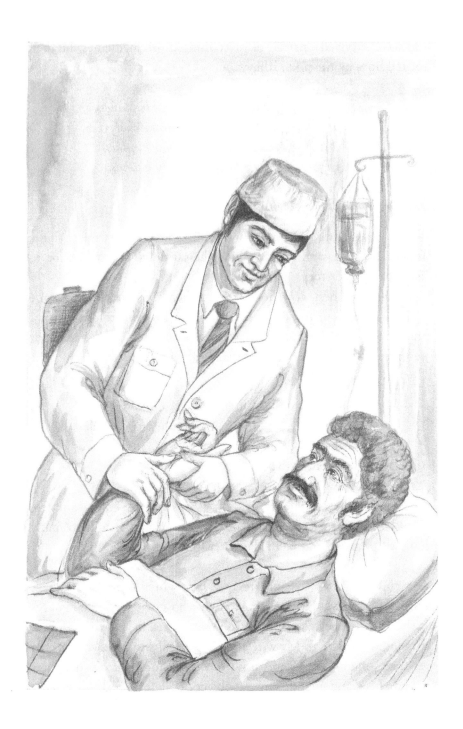

My sons also grew up and one after the other went off to the city to study. Perestroika began and many "new Tajiks" began to build themselves large houses, especially in the capital. Such was the demand, that my sons called me to join them during their holidays so that we could work together. In time, the eldest finished his studies and got married. There were plenty of construction projects and we earned very well. When the married son procured a plot of land on the outskirts of the city, we began to build our beautiful Pamirian house. The location was not ideal - there were problems with drainage- but we were legendary builders! We built a good house and only a few finishing touches remained. It was my dream that I would find my daughter and she would bring her family to live there too. All would be forgiven and we would once again live happily, all together. But fate decided otherwise ...

The war began. That year we stayed in Dushanbe since my sons wanted to get the house finished as quickly as possible. Little did I know what grief lay in store... One of the most dangerous criminals had settled not far from our new home, closer to the hills in the village of Teppai Samarkandi. He was known as "Hitler", on account of his cruelty. On one of his nightly raids, he arrested my sons and demanded that they join his gang. My sons refused, and he shot them ...

... My wife, unable to cope with such emotional hardship, fell ill and on her deathbed, pleaded for me to: – Find our daughter and take care of our daughter-in-law and grandchildren.-

My first impulse was to seek revenge, but one soldier does not make a battle, and how could I risk abandoning my daughter-in-law with two small children? She restrained me from trying to take up weapons, and day in, day out, the children depended on me as the sole breadwinner ... Times became extremely difficult; there was no work and food was scarce. So I decided to go in search of work in Russia. This also proved difficult since I was deemed too old, on account of the date of birth on my passport, rather than my experience. The only place I could find a job was St. Petersburg and that was how I ended up there.

Farhod sat in silence and could not hold back his tears: it was as if he himself had been emotionally involved. But my eyes were dry: I'd wept all of my tears long ago.

- Now I understand why you decided not to call yourself Tajik - Farhod commented, breaking the silence. - And your daughter, did you find her?
- No- I replied - but I believe she is alive. During the war, many people went to Afghanistan and I heard that she was living near the border.-

... You were the first person, my doctor, to whom I told the story of my life and I feel better now that I have shared the burden which lies heavily on my heart. Hesitantly, you then proposed that I consider myself your Pamirian father. I was delighted, especially since you looked so similar to my younger son.

After I had been discharged from hospital, my adopted son gave me his old mobile phone and kept in regular contact. And I felt so proud of my Farhod when I attended the defense of his thesis! Many well-known professors commented on his excellent research, and its publication in leading scientific journals had been highly acclaimed by international academics. It was said that he was a heaven-born surgeon, with a magic touch. I especially liked how the Head of the department stressed that he was a true representative of the people who gave the world Avicenna!

I heartily congratulated Farhod.

Shortly afterwards, I was stunned when he announced:

- Father, you and I are flying to Dushanbe! I'm inviting you to my wedding; the plane tickets have already been already bought.

What a happy surprise! It had longed to return to the city for many years but could never afford the tickets: it would have been easier and cheaper to fly to New York! And because I tried to send my every ruble to my grandchildren, I could never justify the expense.

– You are such a good son to me, Farhod; thanks to you, I will see my relatives

– My heart belonged to Dushanbe

Despite our arrival in Dushanbe late at night, we were met by a lot of people. I was delighted to see my daughter-in-law and it was an unexpected surprise to see that my grandchildren had become adults!

Farhod's mother greeted me warmly and when she asked - Are you my son's Pamirian father ? - I replied -Yes, we Tajiks are all one family. -

No-one was happier than I.

The next morning, Farhod's brother arrived to show me around the city. How beautiful it had become! I looked at the new buildings in wonder and was struck by the stillness. It was as though the war, which had left such a burden on my soul when I fled the city, had never happened.

In the evening we went to dinner with Farhod's family who lived in a beautiful and recently built house. We had gathered together for Oshi Nahor -a pre-wedding pilaf – to which all of my relatives had also been invited.

Another surprise was waiting for me there. A new Ismaili Centre had been built in Dushanbe and it was due to be opened by Prince Agakhan who had arrived from London. When Farhod's mother gave me an invitation to attend the celebration, I was in seventh heaven.

I was one of the first to arrive. The building was very beautiful and walking through the halls, I marveled at how well the architecture and interior design had integrated the traditional with the contemporary.

People gradually filled the central hall and Prince Agakhan came out. For me it was some kind of sign: I felt that something significant was about to impact upon my life. And so it happened. In the front rows journalists, VIP guests and their interpreters took their seats. Suddenly my heart leapt: amongst them I spotted a young woman who looked like my daughter. I could not believe my eyes! I was told that her name was Nekbaht: my mother's name!

What a joy it was to meet my granddaughter Nekbaht! She told me her story, I told her mine and together, we wept. This meeting had been gifted to us by the heavens, and by the efforts of those who loved us and who wanted to help relieve both our pain and the suffering which we had endured.

The Iman's sermon, like a balm, healed my wounds.

All roads to Truth are different but the main thing is never to stray from your heart-felt belief, and paths paved with goodness, justice, humanity and the power of the Divine.

People are individuals and one cannot judge everyone or a country by the actions of one person or a group of people. One of the main causes of conflict in our country was the separation of its people; a division which turned friends into foes. And parochialism arises from a lack of education. We must be one nation in order to work together , build a civilized society and strive for progress. We must learn to forgive ... How right Khayyam was:

> *If only I had power over the evil in our skies,*
> *I would crush it, and replace it with the opposite ...*
> *So there are no barriers for noble aspirations*
> *And people can live, no longer tormented by grief...*

I left Dushanbe feeling lost and lonely but now I had a large family. I had become the Pamirian father not only of Farhod but also, his brothers and his Armenian friend, Khachatur. But most importantly, my soul had been healed by finding my blood granddaughter. And she in turn, was overjoyed that she now had me, her cousins and her aunt, and felt proud that her children had a grandfather! She had thought she was an orphan but had held fast to what her husband had always told her during the most difficult years: – Dushanbe is the city where dreams come true.-

Dushanbe – the city of joyful reunions – has provided me with something miraculous! We will finish building our house and at last, live there together, as one big family ...

Now everything is going to be all right!

3. LOVE CONQUERS ALL

Nekbaht's Story

The Unendowed Bride

After a long absence from my beloved hometown, my first wish was to visit the foster home and to see my teacher; the old director. How many children, orphaned during the senseless civil war in Tajikistan during the nineties, found shelter in that house! But now everything had changed and there was another director. I was very disappointed to learn that my muallim had passed away the year before. Peace be upon him: may he rest eternal! I will never forget his words, which became my mantra in life - the more love you share, the more love you receive in return. Only true love can break through obstacles and conquer all!-

I was driven up to the foster home in a small Chinese mini-bus which served as a taxi. The cab was hot and crammed with people but my spirits lifted as I looked out the window and admired my city: the city of hope and love; the best city on earth! It appeared even more beautiful than I remembered it. But the faces which flashed by in the crowds seemed unfamiliar and somehow, the city felt as though it had been deserted. Many people had abandoned it during the war years and there was no knowing if, or when, they would ever return.

But we've come back…

— Aren't you[8] going to pay? – asked the driver with a good-natured smile.

---

[8] - a way to talk to friend or acquaintance, ty -(ты), while random people should say Vy - (вы). Both is translated as "you" in English.

I paid up, explaining that I'd been lost in thought, and in turn, asked:

- Why do you use the familiar "you" to me?-
- Apajon, dutai? What?! Are there two of you, sister?

It was said in such a cute and lovely way, that all of us in the taxi laughed, and the driver continued in a same manner:

- If so, you should be paying for two passengers! -

Of course, I was not really offended but couldn't resist scolding him:

- Such a beautiful city should have beautiful and educated people so we should all adopt the culture of polite communication. -
- I'll try! -

I'd noticed that young people in the city had begun speaking in a southern dialect and with my knowledge of literature and languages, was curious to hear people using the words "muallim" and often, "oytimullo", when referring to those who did not speak this dialect. Will the divide between "southern" and "northern" peoples go on forever? Consumed by this thought, I hardly noticed that the taxi had arrived at my stop and once I'd embarked, my legs seemed to walk of their own accord along the road of my childhood…

I wandered through familiar corridors and stopped in front of the banner which our patrons had made to commemorate Peace and Unity Day, during my first year in the orphanage. The banner had a picture of three girls: me, fair-haired and blue-eyed, with a pale face and apple cheeks, alongside my friends, Nilufar –a beautiful dark skinned girl with raven-black hair and almond-shaped eyes, and Zulfiya – a red-haired, brown-eyed little girl with a snub nose and freckles. The caption below the image read: "Children of Different Nations: We are the Living Dream of World Peace!" It was quite absurd! We were all Tajiks, rather than children of different nations, even though our destinies were certainly different.

Seeing the banner made me even more eager to meet them!

Nilufar had never known her parents. Her mother had died in childbirth, and no one came to collect her from the maternity hospital. She was therefore transferred to the foster home. She was reputed to be the most intelligent and diligent among us. She studied hard, read a lot and graduated from high school without attending classes. When she was sixteen, she enrolled at university and received a Presidential scholarship in lieu of her grades and active involvement in public work. Nevertheless, Nilufar was by nature a very modest girl; always ready to help everyone around her. She also wrote poems in Tajik and Russian. We were always proud to call her our friend. After school, I married and went abroad. We regularly kept in contact via the internet but lost touch when Nilufar got married. I was keen to hear how she was.

My relationship with Zulfiya had continued but when I arrived in Dushanbe, we were unable to meet because of her many commitments. However, today was her day to bring gifts to the children in the orphanage and as soon as she walked in, we rushed towards one another like long lost sisters. It had been ages since we had last seen each other…

I always thought that when a man married, he took his beloved under his wing with a vow to protect her and stand by her side, as solid as a rock. This is the ideal and how things are supposed to be, but reality can be quite different …And I knew it as soon as I heard my friend's story about Nilufar.

Nilufar was one of the most beautiful girls in the city. Many men sought her hand, but she was waiting for the love of her life. And soon the wait was over. In her second year, she met a handsome young man who fell in love as soon as he set eyes on her. He was an artist, and despite his youth, quite famous. After the wedding, Nilufar changed from a beautiful and vibrant girl into a downtrodden and exhausted woman. Zulfiya tried to ask her friend about what was happening in her life but she remained silent. Everything became clear later. Some of the artist's relatives were unhappy with his choice and looked down on their daughter-in-law for being an unendowed bride; an orphan with neither a dowry nor family status.

Once, without notifying her in advance, Zulfiya paid a visit to her friend and could not believe her eyes. Heavily pregnant, she was balanced on a "pyramid" of tables, chairs and stools so that she could clean the windows of the house from the street. Dushanbe's Nagorniy area is located in the hills, and the windows of houses built on its steep slopes, are high above ground level. Seeing her friend standing on this makeshift podium, Zulfiya became alarmed and asked her to come down immediately. But Nilufar remained on her "pyramid" until the work was done. In the yard there was a large boiler and beside it, a pile of laundry, so Zulfiya helped her friend to wash and hang it out to dry. When they had finished these chores, Nilufar's sister-in-law emerged from the house, rubbing her eyes after her afternoon nap. Her hostile expression made it very clear that Nilufar was not welcome there.

Perturbed, Zulfiya went to her friend's husband's studio to question his lack of compassion for his wife, especially since she was due to give birth. Couldn't he see that working all hours- heavy housekeeping during the day and studying at night- was turning her into an old woman?

His response was lukewarm- My mother said that keeping busy will make it easier for her to give birth. - My friend left Nilufar's home with a heavy heart and in the morning learnt that Nilufar had had a premature delivery and the baby had died ...

Cognition comes through comparison

I never thought that Nilufar - so open and bold - could withstand such treatment without saying a word. Indeed, love is omnipotent ...

The artist's sister was a willful and spoiled woman and one could sense that she was very jealous of her brother. She continuously discussed and condemned others, as if to prove that she was perfect. People say you should never condemn anyone, especially if you have a daughter since it will all come back on you. It's true. Her sister-in-law did not like anything about Nilufar, including her name. She always lived with her mother, even though she had a house of her own and was both incapable and disinterested in doing anything herself.

Nilufar endured all of this because she loved her husband, and that was what annoyed his sister the most. They lived this way for ten years and raised two sons. Nothing had changed in their relationship but his disgruntled relatives finally achieved their aim… The artist and Nilufar divorced and he married one of "their own". She turned out to be from same family, and from the same city where they came from. Nilufar and the children moved to Russia.

Zulfiya was a well-known journalist, with her finger on the pubic pulse and she soon became aware of the artist's fate. His second wife proved to be a match for the artist's sister, who was now barred from staying at her parents' house. And his mother was no longer mistress of the house. She had got everything she'd dreamt of: a huge dowry, a bride from a respectable family and most importantly, "one of them"; but this was not the life she had anticipated.

The artist was increasingly called away on business and on one occasion, met up with Zulfiya and begged her for Nilufar and his children's address. My friend had shrugged and told him she didn't have it.

His second wife did not stay long. When the artist's mother fell seriously ill, the daughter-in-law refused to visit her and worse, stripped the house bare and departed with everything of value.

Nilufar heard that her mother-in-law was ill and decided to go back to look after her. She spent her days caring for the sick woman as if she were her own birth mother.

The husband realized what a mistake he had made in parting from Nilufar. During their days together, Nilufar and her former mother-in-law talked a lot about life. Nilafur told Zulfiya that she'd enjoyed speaking to this woman who she found to be very wise. Her friend did not understand this attachment but Nilufar explained that it was important for her to build upon this relationship for her children's sake. She had known neither her parents nor her grandparents and never wanted her children to feel like orphans. Her mother-in-law asked Nilufar to return to her son and bring the children to live in her house. As soon as she had recovered, she then honoured the reunion, by hosting a big celebratory feast.

- Yes, everything would probably work out better if orphans only married other orphans- surmised Zulfiya at the end of her story, and then added:
- Nilufar has always been so kind and forgiving; I could never have behaved as she did!-
- She loved, and love conquers all - I replied, quoting our mentor and teacher.

I understood Zulfiya very well. She too had borne much in her life. Looking at her, no one would have thought that this tiny, fragile woman could grow so confident and strong in the face of adversity…

How hard it is to be a woman…

… Zulfiya had been thoughtful and judicious since she was child and we all assumed that she would become a lawyer or a writer. In the foster home we called her the Queen of Words. Whatever she wrote became a sensual and colourful story…

I knew everything about her difficult life because thanks to the internet, we had kept in touch. She wrote me detailed letters, almost essays, which were so soulful, sincere and intimate that they read like a book of life! And in each letter, she always stressed that the war was to blame for all our troubles.

Yes, the war had brought much pain and suffering ... Many people no longer remember those difficult years, because it did not affect them, but we - the children orphaned by that senseless war- would never forget the trials that were laid upon our small and fragile shoulders.

Unlike us, Zulfiya remembered and knew a lot about her parents. Her father had graduated from Kiev's Medical University and returned home with a classmate from Kazan with whom he had fallen in love. After graduation, the young couple was sent to Dushanbe to work at the hospital. When their daughter was born, they had no trouble in choosing a name. Red curls adorned her little head, so they called her "Zulfiya" or "beautiful curls". This child was the fruit of true love and her parents worshipped her. As young professionals, they acquired an apartment and bought a car and their happiness would have continued had it not been for the war…

Zulfiya's father was a native of Tavildara. When the war broke out in that area, it became a centre of instability. It became too dangerous to live there and so he decided to move his parents to Dushanbe. Leaving their daughter with a nurse early one morning, Zulfiya's parents promised to be home by evening. They went away and never came back .... And Zulfiya was taken in by the foster home.

As an adult, she was also unlucky in her personal life. She fell in love with someone who seemed like a good fellow. He was the soloist in an ensemble and a well - known performer, who wooed her attentively. It was only after the wedding, that Zulfiya realized he was taking drugs. A year later, they had a child, and six months afterwards, her husband died of an overdose. With the child in her arms, she found herself out on the street.

But the most important trial of Zulfiya's life was still ahead. Opposite her rented apartment, lived a lonely middle-aged man - an employee of the internal authorities. He was good-natured and friendly. And when sorrow struck her family and Zulfiya was left alone with the baby, he offered to help. She was grateful to him and because he was so much older, believed his actions to be unselfish and paternal. He told her that he was divorced and lived alone and Zulfiya, feeling sorry for him, would sometimes take him food which she'd prepared. Her baby was very fond of the neighbour and called him grandpa.

Zulfiya went to work as a housekeeper for a good family. Her hostess was a journalist who immediately recognized her creative nature and so when the baby was a little older, she invited Zulfiya to work in her office. Our "Queen of Words" rose quickly through the ranks and became a professional journalist in her own right.

But then, she told me, her relationship with her neighbour changed completely...

– One day after work, as I was walking home, a car suddenly drew up beside me. It was my neighbour. Not suspecting anything, I accepted his offer of a lift. Throughout the journey, he recited poems. Suddenly, apologizing, he turned into a garage to check his tyre pressure. -

– I'd like you to know that these are my poems - he said - and I devoted them to you.

Zulfiya was at a loss as to what to say but managed a non-committal response:

– I assumed that nowadays, there were no poets left; that they'd all gone into politics, business or worked for the authorities. I often think about how many collections of poems just sit on shelves with no-one to read or buy them.-

The neighbour, as if he hadn't heard a word, squeezed her hand and pulled her towards him. Zulfiya gasped and then retaliated by slapping his hateful face. Horrified, she jumped out of the car...

She realized that none of his support had been unconditional. When he started to threaten her, Zulfiya said she would go to his workplace and reveal all. The neighbour did not leave her alone, and she made some enquiries about him. She found out about his family who were living in the village, and also, about his dark, illegal business. Armed with this information she presented it all in a folder to his employers ...

- Now I know why there was a war - said Zulfiya. – Too many people became engaged in shady business deals and this led to chaos and confusion.
- But it seems to me, the reason of civil war was poverty. - I replied.

I was shocked by what I had heard. Zulfiya said that the experience would be a lifelong lesson for her: You cannot place your trust in everyone.

- Nevertheless, many of our young girls, single women, agree to take on the role of second wife; some out of despair and hopelessness, and others, because of money. How hard is it to be a woman! - added my friend sadly.

In this Paradise...

Nilufar came along later, as promised. She was accompanied by her husband. When he saw us, he smiled and said:

- Well, "children of different nations", are you still dreaming?-
- Yes, dreaming of peace, love and a world without orphans, - Zulfiya confirmed.

– And without war, - I added.

– Today I am taking you to "paradise"! - announced Nilufar's husband. Excited, we all hurried to the car.

On the way we recalled how every summer, Sir John, the UN representative, would take we orphans in our new minibus to a recreational area on the Varzob ; a picturesque valley on the outskirts of Dushanbe . It was always cool there, even in the hottest summers. Each year, we waited eagerly for the end of the spring so that we could relax in this paradise ...

Fifteen minutes later we arrived and were met by the sight of a boarding house which was being constructed as a summer retreat for the orphans. My grandfather had led the build, aided by his grandchildren to whom he had passed on his skills. They adored him, not least because he was forever reading them classic works by the great Tajik poets.

Amongst his favourites were the parables from "Gulistan" by Saadi:

The entire Adams race is one body
That was created from the same ashes.
If one part of the body is wounded,
The whole feels the same injury.
If you do not cry over the grief of the human race
Can you call yourself a human?

Our uncle, who sheltered us during the difficult war years, arrived with all of his sons and grandsons on "hashar" or to clean up the site. Everyone was busy. I looked around for my husband and noticed him standing next to the charcoal grill, cooking delicious food for us. When he saw me, he ran over and picked me up. I noticed how my friends glanced at each other, and my heart skipped a beat. Their lives were not blessed with the miracle of love which my husband and I shared. And my dearest man asked me with a smile:

– Nekbaht, sweetheart, are you happy with the build?

– Yes, but this is only the beginning- I replied- I am sure that great happiness awaits all of those children who will come to stay in your boarding house. I love you so much: you are so intent on spreading joy!-

... Once again, the three of us- "children of different nations"- were sitting on the shores of the stormy mountain river. Now part of a big, happy family, our troubled childhoods seemed to belong to the distant past.

No one bothered us; only the youngest son of my uncle – Nazar – constantly looked over in our direction from afar. I knew everything, and winked at Nilufar. We laughed out loud. Zulfiya smiled, apologized and as she got up to go to him, handed us a sheet of verses:

> *In this paradise on Earth,*
> *We, who have gone through pain and suffering,*
> *Suddenly find the flame of love.*
> *Believe me; it is worth the wait for*
> *Such paradise on Earth...*

The road to happiness is not easy and only love can make us strong and wise. If the flame of love in the soul is burning and not smoldering, no one will be alone. Love conquers all, breaks all barriers and changes us so that we become more sincere, compassionate, responsive and ready to share our joy.

4. IF I HAD BEEN MASTER OF MY OWN DESTINY...

Shernazar' story

Our search for paradise begins whilst we're tied to our mothers' apron strings

Do you know what it's like to be born into a large family; to be the youngest, the tenth child? I know, because that was my fate.

I appeared in a family, which already had nine children - five older sisters and four brothers. I was called "Shernazar" – which meant - "the lion's stare". But lying in my cradle I was so small and sickly that my brothers called me "murchasher" or "the ant lion". My elder sister later told me that my arrival in the family was unexpected: the youngest son was ten years old, and our mother was sure that there would not be any more children. She only realized that this was not the case, in the third month of her pregnancy.

Just before my birth, my family moved from our mountain village to the capital. During the perestroika years, living in the village became difficult, and father decided to leave. For many years, he worked as a driver for the head of the village and was well versed in car maintenance; a skill which helped him to find work in the city. He began to repair cars, and later opened a private workshop. There was no need to hire staff since all of my brothers became his assistants. There was plenty of work and life was prosperous for our family. Everything would have been fine, had it not been for that senseless, civil war...

I was very young, but I remember being constantly hungry. When my brothers laughed at how skinny I was, my mother would smile and joke:

– You were all given the best food and vitamins, whilst was he was left with the crumbs. But he is the only who was born in the capital - in the beautiful city of Dushanbe. Just wait! One day, you'll be proud of him! -

I felt like my stomach was never full. I remember one cold morning during the first year of the war, when my mother, carrying me, stood in a queue for two hours at the bakery. She begged for an extra loaf which was her due as a mother of many children. She had the relevant papers and was given the bread but I ate almost half of that extra loaf on the way home. Perhaps it was due to my constant hunger, that I became so moody and touchy. And that caused a lot of trouble between me and my older brothers. My mother stood up for me but I spent much of my time hiding behind her and holding tightly onto her knees.

War time was not easy for everyone, but I was young and did not understand much. My father worked hard and we looked forward to moving into the house which he was building, after temporary accommodation in the tent which he'd bought when we arrived in the city. Thankfully, we had a large yard! One morning a car drove up to our house. The father went to the gate and came back with a boy, and a girl the same age as me. It turned out that they were my cousin Ali and his neighbour - an orphan – who having escaped the hostilities, had been brought to live with us. I do not know why, but I became even angrier; I thought that now, I would never have enough to eat. I especially disliked Nekbaht, and was set on tormenting her. She was a very reserved but kind girl, and only cried when my cousin, Ali, was at school or helping my father in the workshop. He always brought her some sweets or a cookie which she always shared with me. After three months, Nekbaht was registered in an orphanage, and I suddenly felt sad…

I realize now, that I was a complicated child. My brothers told me that I would grow up angry and malign but Ali kept telling them: – If you continue saying such things, then he's bound to turn bad. It would be so much better if we could inspire and encourage the good in him and thus build his self-belief- But the brothers did not have time for any of that. And my mother was so busy with housekeeping and everyday life that it was only in rare moments that she took me in her arms, kissed me and whispered softly in my ear: –Hold on to Ali. - At night, there were problems with power cuts and the city was plunged into darkness: In Uzbekistan it was not profitable to sell fuel at low rates to the poor. It was always cold at home but my mother warmed me with her body as I slept in her arms...

By the time I went to school, a lot had changed in my life. All of my brothers were married and the eldest, who still lived at home, applied for Russian citizenship and decided to move his family to Russia. Ali had plans to study abroad and was very happy. When he saw how sad I was about his departure, he told me to study hard so that one day, I could join him. But then my mother became ill and began to fade before our eyes. When Ali went to her bedside to say goodbye, he spoke as though it would be forever: it appeared that I was the only one who didn't realize the full extent of her illness. Before he left, mum asked Ali to promise to always look out for me, his youngest brother. She told him that she wanted to live to see the day when she could be proud of her youngest son...

He left, having made me promise to regularly visit Nekbaht in the orphanage and to stay close to her so that she didn't feel lonely. But Ali's main request was that I take care of our mother. He told me that if every day, I brought home excellent marks from school, she would be so pleased that she would definitely get better. Ali understood that in our early years, our mother is the most important person in our lives but sadly, not all children are aware of this.

A month later, my mother passed away. Each day I had kept my promise to present her with excellent marks from school , something which filled her with joy, and every day as she stroked my head, and reminded me : – Hold on to Ali.- On the day she died, I grew up overnight. I remember running away and hiding somewhere. It was Nekbaht who found me, grief-stricken, and it was only she who was able to console me.

I could not find peace for a long time and it was also a difficult period for my father. All he could do was pat my head as together, we tried to overcome our loss. Memories of my childhood haunted me and I often recalled hiding behind my mother and holding onto her knees. I realized how true it is that our first search for paradise begins whilst we are still tied to our mothers' apron strings...

Every weekend Nekbaht came to our house with a letter from Ali. He wrote that my mother's greatest desire had been for me to be well educated so that everyone would be proud of me. I was to do everything in my power to honour her wish. One day Nekbaht brought along an old cassette recorder, books and tapes, and told me that it was these which had enabled Ali to study abroad. This small, simple, yet miraculous gift had been given to him by her mother who had died in the senseless war. She asked me to take special care of the recorder, because it was the only thing that reminded her of her mother.

I began to study English intensively and went to Nekbaht's orphanage to work on the computer. The director gave me permission and trusted me out of respect for Ali and because he loved Nekbaht like a daughter.

It was my serious approach to my studies that helped me overcome my grief over the loss of my mother, and to understand that I was not alone. Father rejoiced at my success and proudly showed off the good marks in my jotters to all of our relatives. At the end of the school year, he hid them away, promising to return them to me when I was an adult.

Nekbaht and I finished school in the same year. We waited impatiently for Ali's planned return from America as a Master of International Law and Economics, wanting to please him with our own successes. I was however, saddened by the prospect of parting with them both. Nekbaht was preparing for their wedding after which, the young marrieds would move abroad.

Father, Nekbaht and the director of orphanage went to meet Ali at the airport whilst I was asked to stay at home to meet everyone at the gate. And there he was: our Ali! We hardly recognized him: he had grown up and become such a gentleman! Ali looked at me and likewise, did not seem to recognize me; obviously, I had changed a lot, too. I was pleased that Ali treated me like an equal, entrusting me with the most crucial aspects of the wedding. It was reputedly a very homely affair but I have never seen anything more beautiful and formidable in my life.

After the wedding, Ali sat me down for a serious conversation about my future. He told me that he had written to the Karachi branch of Cambridge College about my further education and had received a positive response. This was a complete surprise to me. At first, worried about the instability of Pakistan, father was against the idea, but came around after Ali reminded him of Tajikistan's civil war and how here, in common with many of the world's other politically unstable countries, life went on.

I could not find the words to thank Ali. He had supported me for all these years and taught me a lot, despite the long distance between us. And I was proud that Ali had entrusted Nekbaht to me. She had become someone to whom I felt very close. And so I told Ali - No grief is someone else's burden – before reciting Saadi:

> *The entire Adam's race shares one and the same body*
> *Created from the same ashes.*
> *If only one part of the body is wounded,*
> *The whole feels the same injury.*
> *If you do not cry over the grief of other humans,*
> *Can anyone call you human?*

Anyone who has been beaten by life will achieve the most...

Ali and Nekbaht left and I too, had to prepare for my journey. Father was sad, but I promised to write and call. Our house, which had been filled with people throughout days of wedding celebrations, gradually emptied. Only Nekbaht's friend – Zulfiya – stayed around, and her presence charged the house with joyous laughter. She called me "sambusa", and there was a reason for that...

When I was a kid, I could not walk past the tandoor[9], which prepared and sold delicious sambusa[10] . An intoxicating scent of cumin filled the entire street. With tears in my eyes, I pleaded with everyone to buy me a cake, but no one ever did and I did not understand why. However, one day Ali relented and bought two large, hot sambusas. He sat down at the table with me. But my face fell as soon as I started eating. I looked around; everywhere on the tables lay turds of the innards of my alleged "goodies": onion and fat. It appeared that most of the customers only ate the dough which had been roasted in the tandoor. Suddenly I noticed the famous comic actor Ubaidullo, sitting nearby. He too, was unhappy with his meal. He winked at me, smiled, and then got into character. He began to repeat in a scolding tone: – "meshudast-ku" - So, as it turns out, it *is* possible-. People gathered around him. The cook, who was also the owner of the tandoor, approached the disgruntled Ubaidullo, and asked what was going on. The actor explained that the previous day, when he had asked his wife to bake sambusa, she replied that she couldn't, because she didn't have any meat. But now, looking at the tables strewn with discarded onions and fat, he realized that here at

---

[9] The term **tandoor**/tᵊnᵈᵊər/ refers to a variety of ovens, the most commonly known is a cylindrical clay or metalovenused in cooking and baking. The tandoor is used for cooking inSouthern,CentralandWestern Asia, as well as in theCaucasus.
[10] **Sambusa', Samboosak (/sə'moʊsə/) or samoosa** is a fried or bakedpastrywith a savory filling, such as spicedpotatoes,cheese,onions,peas,lentils,macaroni,noodles, and/or minced meat (lamb,beefforchicken).

least, this dish was made without meat. - Meshudast-ku! – he cried and everyone burst out laughing. They say that after this incident the sambusa was much improved by the addition of more meat but I had been put off buying sambusa on the street for life!

I flew to Karachi via Tashkent. Ali had asked me to bring a souvenir for his business partner as a gift, and without thinking twice; I chose a beautifully incrusted, handmade knife. Such knives are used in every house throughout Central Asia, and everyone knows that the most beautiful and strongest knives are made in our ancient Istaravshan. I shall never forgive myself for such carelessness ...

I was detained in Tashkent airport where they left me, a 16-year old boy, in some dark basement overnight. I was brought out for interrogation at midnight, and for hours, was tormented by question upon question in Uzbek. I understood nothing since I didn't speak the language, and eventually they called in an elderly Uzbek to act as translator. He asked about the contents of my baggage and I dutifully provided descriptions of everything I'd packed, including the gift I'd bought. I explained that I was going to study in Karachi and produced the relevant documentation. Seeing my sincerity and openness, they released me the next morning and put me on the plane. It was only when I arrived, that I realized that the knife was missing…

In Karachi, I was greeted like a long lost son. Ali's business partner was also named Ali, but since he was older than my father, I called him "Amu Ali"- Uncle Ali. For the first time I met a man who was perfect in every sense. Quiet, kind, spiritual, concise, erudite and intelligent, he treated everyone on equal terms.. He became my spiritual father, as well as my friend, teacher, mentor and "guardian angel" for the rest of my life. It was thanks to him, that many doors opened for me.

I learned English and he gave me a job in his office. Amu Ali opened my eyes to many things. I often talked to him about my trials. He smiled and said that it was always necessary to compare one's trials with the trials of others, and quoted a verse from the Rubaiyat of Khayyam:

One, who has been beaten by life, achieves the most,
One who has eaten only a peck of salt, values honey.
One, who has wept many tears, laughs the most sincerely,
One who once felt dead, knows how to live.

If only I...

Two years of study passed almost imperceptibly. Having done well in all my exams, I could continue my education in any university in Great Britain, but I needed a lot of money for that. I decided to go to Dushanbe, to work for an international organization and so earn money for my further education. How naïve I was..

I arrived in my beloved Dushanbe on "cloud nine". My father was very happy to see me and at a small family party in my honour, kept exclaiming: –If only your mother could see you now! You've made us all so proud! - Some woman was helping around the house and when I asked him who she was, he looked away. It was up to one of my brothers to tell me: – She's father's new wife. – Shocked, I ran down the street and rushed into the workshop where I began to cry.

Suddenly an SUV pulled up in the forecourt and I heard loud voices coming from inside. A girl began to complain loudly, so I ran out and opened the car door. To my surprise, a flushed Zulfiya jumped out.

She was so relieved to see me that she took my hand and whispered: –God Himself sent you to me. – As we walked to the house, she told me what had happened. And when she saw that I did not want to go in, she asked what the matter was. I told her how much I resented my dad's marriage and how I hated him for it. Zulfiya scolded me. And then gently explained that a woman can live without a man, but any man who has lived with a woman all his life, finds it difficult to be without a woman to help him through his old age. We entered the house together. Father was very pleased to have me back and told me that he was sorry: He had been scared to tell me about his marriage in case I never came home at all.

After the incident with Zulfiya, her "boyfriend" started to avenge our family and did everything in his power to make father give up his business. My brothers, finding it difficult to deal with his threats, decided to go to Russia. I found a job of sorts in an international organization but realized that I could not make enough money to cover further study. I wrote to Ali explaining the situation at home and he in turn, advised me to arrange a meeting with the Minister of Security, whom he greatly respected. So that was exactly what I did. Of course, it was not easy to get to him, but when I explained that my brother Ali had recommended that I come to see him, he listened to me and promised to settle the problem with the tax authority, which would not let us live in peace. Then, turning to the question of my own future and impressed by my qualifications, he advised me to apply for a position with Mr Smith, the representative of the Tajik-British Holding Company.

I worked there all summer. Mr. Smith was happy with my progress and believed in me. He promised to help finance my studies, on condition that after graduation, I would return to his office to work off my dues. I was in seventh heaven.

Years of study passed quickly but it was not easy. In the mornings, I went to the university, in the afternoons, I worked in Mr Smith's office, and at night, I worked in a restaurant, cleaning potatoes until midnight. But what an amazing time that was! It turned out that many students from our republic attended British universities. We created a Tajik diaspora in Britain and opened a fund to help children in Tajikistan. Similar diasporas were set up in America and Russia. We were scattered across the world ...

I returned to my beloved city with great hopes and Napoleonic plans and suspect that many like me, felt the same when returning home after a long absence. Our reunion was joyful. Proud of his brother, Ali did not hide his excitement. Father, wiping away his tears, kept repeating: –Mother always said that we would all be proud of you! - And Zulfiya accompanied by her son and Nekbaht, stood smiling to one side, exclaiming over and over: – "meshudast-ku!" - It turns out, anything is possible. –

Immediately after my homecoming, I was taken from the city, to Varzob – "Paradise on Earth" – to see the construction of a summer resort for the orphanage. I was overjoyed to be amongst our big family and friends: the people closest to me. That day was also one of the most memorable in my life: I offered my hand to Zulfiya, and she accepted.

Meanwhile, a surprise awaited me at home: My father's wife's son was sitting in our living room, wearing a huge beard and fingering a rosary. At first I mistook him for the Muslim cleric, a Domullo, and greeted him with reverence. Then on closer inspection, I recognized him and taken aback, asked:

– What's happened to you? -

Father answered for him:

– This is our devotionist! Just imagine; in the past, people had to go far and wide to pursue their studies, worship in holy places, make pilgrimages, and get involved in charitable affairs in order to attain the rank of Domullo. But this one became a devotionist after only two months! Either Salafi, or Wahhabi. He does nothing apart from spreading his knowledge.
– Father is tired, give him the cushions; let him lie down. - I said indignantly.
– Tired? Then let him read namaz a hundred times. – came the calm response from our so-called, devotionist.

Furious, I could not resist the retort: – What?! Where, in the Quran is it written that we should disrespect our parents by asking them to read namaz a hundred times?! Come on! Get up, when your elders enter a room! Who taught you this interpretation of Islam? -

Later, Zulfiya explained to me that his behavior typified a problem which had arisen in our country. Many young people, especially girls, who had neither gone to school nor found jobs, were joining all sorts of religious sects and strange groups. They had no need to work since they were provided with plenty to eat. So, whilst some young people still find work or leave to work abroad, there are many others who prefer to be turned into zombies by religious fanatics.

And sighing, she repeated: – That's why it's so good that guys like you come back –

I had to get a job. The Tajik-British Holding Company had been transformed into a Tajik-Chinese company, and no one hired me there. Before I left London, Mr Smith who had opened a new office there, offered me a job, but I decided to return home at whatever cost.

I secured a job in a major bank but my direct boss was young and inexperienced, and as it later transpired, had a criminal record. He did nothing for days on end, leaving everything to his subordinates. He reminded me of someone... One day he asked me to stay on after work. That evening, he was waiting for me in his office with his brother. These were the sons of the taxman who, through threats and extortion, had forced my father to abandon his business, and threatened Zulfiya on that ill-fated night. It transpired that following my complaint, their father was destined for dismissal from work, but he still managed to quickly secure a substantial pension for himself. They asked me to accompany them out of the building and when I refused, they warned that it would be Zulfiya who would suffer, rather than me. I had no option but to go with them. As we set off along the road, I saw Zulfiya standing at the stop outside the Press

House and judging from her troubled expression and the terror in her eyes, I guessed she knew everything.

Our journey was long. Eventually, we stopped at a big gate and I was taken into a house but thereafter, I remember nothing. There was a lot of noise- crackling and screams- and then I fell, unconscious to the floor. I awoke in Zulfiya's arms and heard her sigh:

– You'll be alright. Thank God, our friends made it in time. -

I learned later, that someone had called Zulfiya to warn her that I was in danger. She had hurried out to the road and then seeing me being led away, called friends who rushed to rescue me. They had quietly pursued the car and got me out of that house. Everything would have been all right, but we were then summoned to the police station because they wanted to initiate proceedings concerning our involvement in a fight and damage to the personal property and country house of a pensioner. It was clearly the work of these characters and their "connections" but it took a long time to prove that we had been set up…

I no longer worked at the bank. I could now look after my stepbrother, even though I'd rather have kicked him out! It was also around this time that one of my elder sisters came back and her husband, who left to make a living ten years ago, was found.

Ali offered to help me find a position in an international organization, but I wanted to work in my own specialist field and believed that by working abroad, I could better benefit my country.

And so, I reluctantly left my beloved city. Zulfiya promised to join me later, as soon as she had gathered the necessary documentation for herself and the baby. Father was once again saddened by my departure. Ali, who had helped me arrange everything, was also there to console me when we parted. He told me that life can be difficult, but it's up to you how you choose to live it, in spite of its trials. He then recalled the words of his favourite Khayyam:

If I had become master of my own destiny,
I would have looked it through all over again.
And, having ruthlessly deleted mournful lines,
I would have happily reached my head
towards the skies.

Yes, if I had been able to control destiny, I would certainly have done so: There would never have been a war, or orphans, or starving children, and my own mother, as well as Ali's parents and sister would still be alive...

How lucky I was to meet you, my dear Ali. Maybe your name contains the energy of goodness and perfection? I talked about this with Amu Ali, but he said that it is not the name that exalts the person, but the person who exalts a name. If I have a son, I will give him this name.

And one day, I will return to my beloved Dushanbe: the city where dreams come true.

Война как злобно она звучит в наших душах, как скорбно мы о ней говорим; и как боимся этого явления. А ведь люди сами воюют за власть, за первенство, ни во что не ставя жизни людей.

В поисках лучшей жизни многие соотечественники покидают свою Родину. Покинув Родину, мы часто думаем, что теперь все будет лучше, и мы счастливы. Но, увы! Счастье не действительность, а только воспоминание.

Айгул Канторо кызы
Кыргызско-Турецкий Университет Манас

ГОРОД, ГДЕ СБЫВАЮТСЯ МЕЧТЫ

ГУЛЬСИФАТ ШАХИДИ

Дорогие друзья!

Судьба дала мне шанс представить вам книгу моей коллеги Гульсифат Шахиди под названием «Город где сбываются мечты».

По счастливому стечению обстоятельств я стала первой читательницей и редактором рассказов, издающихся на русском языке.

Гульсифат Шахиди – автор с богатым журналистским опытом, переплавленным в художественную форму, ярко и образно рассказывает о судьбах людей разных поколений, не сломленных трагическими событиями гражданской войны в Таджикистане 1990-1993 годов.

Каждый рассказ пронизан человеческой болью и сопереживанием автора, оказавшегося в эпицентре военных действий. В героях читатели легко узнают себя, близких, знакомых, соседей по улице. И, несомненно, полюбят замечательных парней Али и Шерназара, дедушку по имени Хорошо, и очаруются девочкой Некбахт, от имени которых ведётся повествование.

Книга пронизана любовью к родному Таджикистану, к солнечному городу Душанбе, краше которого нет на свете, к своему народу, сохранившему дух и традиции древней арийской культуры.

Автор насыщает повествование стихотворными строками из творчества таджикско-персидских поэтов, обогащая современный русский язык и предлагая вдуматься в жизненный смысл их бессмертных творений.

Четыре рассказа «Я сделаю тебя счастливой», «Всё будет хорошо», «Любовь побеждает всё», «Если б я властелином судьбы своей стал…» объединены единой темой и верой автора в светлое будущее своей родины.

Мне тоже не безразлична судьба Таджикистана, где я прожила 20 лучших лет своей жизни. С Гульсифат Шахиди мы познакомились в редакции республиканской газеты «Комсомолец Таджикистана». Гуля (так мы стали ласково называть её) – молодая мама и выпускница журфака таджикского университета,

а я журналистка с небольшим творческим стажем и дипломом факультета журналистики Казанского университета, и тоже мать сына-дошкольника .

Мы сдружились сразу: много говорили о жизни, о профессии, о детях. Муж Гульсифат – известный и перспективный в то время композитор Толиб Шахиди принял меня в их семью, как родную. Я всю жизнь увлекалась театром и кино, и Толиб знакомил меня с друзьями композиторами, художниками, литераторами, артистами и режиссёрами. Как всё это пригодилось в редакции культуры Таджикского отделения ТАСС – ТаджикТА, куда вскоре меня пригласили на работу.

С Гулей мы были близки не только творчески, но и по-человечески. Хорошо помню её маму – белокожую и голубоглазую. Я называла её на русский лад тётя Маша. Как-то спросила о происхождении необычного имени её дочки Гульсифат. «Вераджон», - ласково ответила она, - гуль по-таджикски цветок, сифат – качество. Значит, Гульсифат – цветок, собравший все лучшие свойства».

Я потом, отмечая успехи Гули радуясь за неё, всё время приговаривала: «сифат – это знак качества. За тобой не угонишься!».

Жизненные невзгоды и переживания подорвали здоровье Гулиной мамы. Её доброе сердце не выдержало. На похоронах я утешала окаменевшую от горя подругу и уже чувствовала – сама тоже совсем скоро осиротею. А через несколько месяцев умерла моя мама. Теперь Гуля, обнимая меня за плечи, горячо убеждала, что мы должны жить за наших родителей и ради наших детей.

Гражданская война 90-х годов раскидала нас в разные стороны. Мы с мужем переехали в Тульскую область, мои друзья – Шахиди осели в Москве. Все 20 лет моей жизни в России я переписывалась с верными коллегами -душанбинцами. Они рассказывали мне обо всех новостях в театрах республики, о переменах в жизни. Не потеряла я и связи с семьёй Шахиди.

Не раз мы с Гулей и Толибом обсуждали проблемы разобщения наций. Нас одинаково тревожат усиливающиеся тенденции неприятия выходцев из Средней Азии в российских городах.

Многовековой опыт человечества и любая религия учат тому, что у зла и добра нет национальности, а вот в каждой нации есть и хорошие, и плохие люди.

Читайте, мои дорогие земляки, рассказы Гульсифат Шахиди. Быть может, все вместе мы поймём, что делаем не так в этой жизни, и что сумеем изменить в судьбе и в стране.

Вера Дейниченко, журналистка

О СЕБЕ

Я родилась в Ленинграде в 1955 году, где учились и жили мои родители. Как рассказывала мама, дети послевоенного поколения редко появлялись на свет здоровыми. Мой вес-5 килограммов удивил всех, по признанию врачей я была абсолютно здоровой малышкой. Об этом случае даже написали в одной из ленинградских газет, мама потом часто шутила, что профессия журналистки определилась для меня с первых дней жизни.

Так и получилось. Я окончила факультет журналистики Таджикского университета, работала в республиканской молодёжной газете, занималась научной работой, защитила диссертацию на тему «Таджикско-русские литературные связи 20-30-х гг. XX века»

Позже работала в таджикском филиале МГТРК «Мир», главным редактором радио и телевидения. Публиковалась в печатных изданиях Таджикистана и России.

Этот сборник рассказов – первый на русском языке. Но, думаю, продолжение следует …

Гульсифат Шахиди

1. Я СДЕЛАЮ ТЕБЯ СЧАСТЛИВОЙ

Рассказ Али

День длиною в жизнь...

Никогда не думал, что дни могут быть такими длинными. Впервые я чувствовал каждую секунду, каждое мгновение, каждый вздох... Все было подчинено мыслям, воспоминаниям и думам о тебе. Я понял, что время иногда идёт медленно только для того, чтобы мы имели возможность неспешно перебирать в памяти страницы прошлого и рассматривать сквозь эту призму настоящее.

Наконец-то, после долгой дороги в аэропорт, пройдя все контрольно-пропускные пункты, я занял своё кресло. Самолёт взлетел навстречу моему долгожданному свиданию с родным городом, с любимой, которая была смыслом моей жизни...

Память как прочитанная книга – я перелистываю страницы жизненного пути, порой трудного и непредсказуемого. Иногда не верится, что это всё случилось со мной...

... Я познакомился со своей учительницей, когда мне было семь лет. Она была родом из Бадахшана, или, как говорили местные, памирка. Приехала к нам с молодым супругом, назначенным директором новой школы, построенной в нашем селе, не найдя понимания у своих родных и у родных мужа.Они приняли решение уехать подальше от косых взглядов. На радость нам, детям приграничного с Афганистаном района, стала работать в нашей школе. Была библиотекарем, преподавала английский язык, вела уроки в начальных классах.

Мой отец был председателем колхоза. В годы перестройки выбирали молодых. Выбрали и его. Он не отказался. Был очень правильным, боролся против нечестных на руку «новых таджиков». Многих, занимавшихся рэкетом, отправил за решетку. Это и сыграло роковую роль в дальнейшей судьбе нашей семьи.

Учительницу свою я называл муаллима. Часто она отдавала мне свой маленький кассетный магнитофон с аудио-курсами английского, чтобы я учился правильно произносить слова. Сама заказывала и привозила в библиотеку множество книг. Именно благодаря ей я полюбил читать не только на родном таджикском, но и русском и английском языках. Мой первый и главный педагог в жизни не уставала повторять, что у меня необыкновенная тяга к языкам, и я, лучший её ученик, добьюсь многого.

Вскоре муаллима родила девочку. Прелестную, голубоглазую, русоволосую, похожую на ангелочка. Нарекла ее Некбахт, что в переводе с таджикского означало «счастливая». Я с удовольствием стал помогать, попросил об этом и свою маму, которая находилась в тот момент в декретном отпуске и ухаживала за моей сестричкой. Мама с удовольствием согласилась. Мы хотели, чтобы муаллима скорее вышла на работу в школу, ведь учителей катастрофически не хватало.

Ничто не предвещало беды. Мы жили в достатке, строили планы, мечтали о светлом будущем. Но в 90-е годы в Таджикистане началась гражданская война. Бессмысленная и жестокая. Те, кого она не коснулась, кто знает о ней лишь понаслышке, не поймут моих чувств. Не дай Бог никому такое пережить...

Жители не могли представить себе весь ужас, который принесла война. Российские пограничники только после нападения на их гарнизон начали активные боевые действия. Неспокойные дни и ночи, звуки перестрелки заставили жителей посёлка сильно тревожиться.Как уйти от опасности? Никто не мог понять, откуда у боевиков столько оружия.

В начале войны из тюрем бежало много народу. Среди них был и тот, кого в свое время посадил мой отец. Очень скоро убийца стал главарём нового бандформирования. Жгучее желание вернуться в колхоз и отомстить отцу, было непреодолимым. Это ему удалось.

В тот трагический день я с книжкой, магнитофоном в наушниках сидел у реки и заучивал новый текст. Высокие тугаи закрывали меня от всех. Мне нравилось сидеть здесь часами, читать, учить новые слова и повторять произношение. Мама не отпускала меня, переживая из-за военных событий, но я впервые не послушал её. Я себе этого так и не простил. Хотя, что я смог бы сделать, чем помочь, будь я с ними вместе в те страшные трагические мгновенья?

Я помчался к переправе, увидев толпу бегущих к берегу людей. К переправе двигался вооруженный до зубов отряд боевиков. С афганской территории за их передвижениями следили стражи границы в боевой готовности. Я увидел, как на плот садятся наши соседи, знакомые, родственники, но нигде не было моих родителей и сестрёнки. Заметил мою муаллиму с дочкой на руках, но мужа её рядом не было.

С обеих сторон начался обстрел крупнокалиберными орудиями. Я не успел к отплытию. Бросился в реку и поплыл к плоту, но в него попал снаряд. Сквозь грохот, залпы орудий я слышал крики и стоны людей… Муаллима увидела меня и указала в сторону дочери, барахтающейся в воде.

Последним словом её было «Некбахт». Она так и осталась в моей памяти, с молящим о помощи взглядом, полным надежды, что я помогу её дочери выжить.

По течению реки я уплыл далеко от переправы. Там, где эхо трагедии того страшного дня утихло, мы с маленькой Некбахт выбрались на берег. Она плакала, звала маму. Я не знал, как её успокоить и мы стали плакать вместе. Я смотрел на покрасневшие от слёз глаза малышки и твердил как заклинание:«Я сделаю тебя, «Некбахт», счастливой!»

Передохнув, мы побрели по дороге, там нас подобрали танкисты из российской дивизии. Они торопились на подмогу пограничникам. Когда мы доехали до поселка, я не поверил своим глазам: новые, только что построенные здания, школа - все превратилось в руины. Я побежал к своему дому. Обливаясь слезами, увидел сгоревший дотла отчий дом… Я не мог поверить в то, что там навсегда остались мои родители с сестричкой... Через год узнал, что это было местью того самого подонка - главаря банды.

Я не знал, что мне делать дальше, не понимал, как жить? Если бы не ты, Некбахт, я, не задумываясь, взял бы оружие и пошел мстить за своих родных. Но теперь я отвечал за тебя. Спасибо российским танкистам, возвращавшимся в Душанбинский гарнизон – они взяли нас с собой. Командир подумал, что ты русская и сказал, что девочку-сироту он заберет с собой. Но ты так держалась за меня, что ему пришлось взять и меня. Я побежал к реке, отыскал там магнитофон и книжку – всё, что у меня осталось от прежней жизни и, попрощавшись с беспечным детством, уехал навстречу новой жизни, полной неизвестности и тревог. За один день я повзрослел на много лет...

- Из потока воспоминаний меня выдернула стюардесса, предложившая завтрак. Я вспомнил, что от предполётных переживаний   не ел целый день и с удовольствием перекусил.

В Душанбе мы ехали на ГАЗике. Командир слушал мой печальный рассказ о событиях, с удивлением смотрел на Некбахт, не веря, что она таджичка. Узнав, что в Душанбе живёт мой дядя, спросил, знаю ли я его адрес. Услышав отрицательный ответ, пообещал помочь. А ты, маленькая, всю дорогу спала на моих руках.

О Душанбе я знал по телевизионным передачам и рассказам муаллимы – она очень любила город и считала его самым лучшим на свете. Тогда, наверное, я представлял Душанбе Парижем, или Москвой. Звучит смешно, но это было так. Как я ждал этой встречи! Мечтал после школы поступать в университет. Но судьба распорядилась иначе.

Мой дядя в годы перестройки переехал в Душанбе. Семья была большая – 10 детей. Пятеро старших – девочки, а младшие - мальчики. Сестры были уже замужем. Дядя открыл своё частное предприятие – занимался ремонтом машин, сыновья ему помогали.

Командир узнал в адресном столе местожительство моего дяди и отвёз нас к нему. Про события в нашем посёлке знали уже все родственники. Дядя, узнав о трагедии, горевал несколько часов и уже на следующий день устроил поминки. Моё появление было для него полной неожиданностью. Он плакал и радовался одновременно. Сказал, что я буду продолжать учёбу в школе и помогать ему в бизнесе. Я согласился. Робко спросил, как быть с Некбахт?

Дядя предложил найти родственников и отдать им тебя, Некбахт! У меня защемило сердце. Я вспомнил глаза своей учительницы и твёрдо заявил, названная сестричка всегда будет рядом со мной. На том и порешили.

Житьё в доме дяди стало для меня большим испытанием. Но нет худа без добра. Учился я хорошо. А вот труд у дяди в гараже был непосильным для подростка. За полдня работа так изматывала, что я не помнил, как доходил до дома и только ты Некбахт, твой радостный и светлый взгляд помогал мне забыть об усталости. Братья не особо радовались нам, им тоже было нелегко. За хлебом надо было стоять в очереди целую ночь, с продовольствием были постоянные перебои.

Во время гражданской войны открылось много международных организаций, и каждая имела свой гараж. Работы было много. Дядя узнал, что я хорошо говорю по-английски, и я стал работать переводчиком. Мне было трудно, но помогали инструкции к каждой машине, которые всегда лежали в бардачке. Дядя был счастлив, клиентура сразу поменялась. К нам стали обращаться из посольств, и заработки значительно выросли.

Жизнь постепенно налаживалась. Но тебе, Некбахт, было грустно – я, загруженный работой и учёбой, редко виделся с тобой. Уходил, когда ты ещё спала, приходил, когда ты уже спала. А тут ещё младший сын дяди – баловень и грубиян не давал тебе покоя.

Рядом с домом был детский интернат, директор постоянно приезжал ремонтировать машину - старую рухлядь 20-летней давности. Он очень полюбил меня, потому что никто из братьев не брался за ремонт интернатской колымаги, а я никогда не отказывал ему. Знал, что тогда всем было трудно. Я рассказал директору про тебя, Некбахт, назвавшись твоим старшим братом. И он, не задумываясь, предложил оформить тебя в интернат, с условием, что я буду постоянно навещать свою сестричку.

Ты стала любимицей в интернате – все называли тебя куколкой. Мне полегчало на душе, дядя перестал искать твоих родственников.

Нередко на ремонт в гараже у дяди оставлял свой внедорожник представитель ООН из миротворческой миссии. Я заметил, что он внимательно слушает, как я перевожу, смотрит, как работаю. Он предложил мне учёбу в международной школе, которая только что открылась в Душанбе. Одарённым детям-сиротам предоставлялась возможность обучаться бесплатно. Сказал, что напишет ходатайство и характеристику. Я не поверил такому повороту судьбы. Дядя был не в восторге - в его бизнесе я играл важную роль. Но я заверил его, что всегда буду помогать.

Сэр Джон, так звали ООНовца, в назначенный день приехал за мной, повёз меня в школу. По дороге я ему рассказал про тебя, Некбахт, он решил заехать в интернат - обрадовать. Джон пошёл к директору, я - к тебе. Не знаю, о чём они беседовали, но после этого жизнь в интернате изменилась. Получается, ты, моя Некбахт, одним своим присутствием подарила счастье детям-сиротам. Директор не раз говорил мне об этом. В интернате появился новенький микроавтобус, построили небольшой современный корпус, снабжение питанием и одеждой улучшилось. Но это было позже...

ГОРОД, ГДЕ СБЫВАЮТСЯ МЕЧТЫ

...Когда мы ехали в школу, я, смотря на улицы и площади, тенистые аллеи и парки, красивые здания и памятники, осознал, что за суетой будней, за переживаниями, вообще не видел города. А он такой красивый! Сейчас я уже с уверенностью могу сказать - это лучший город на Земле! Я увидел места, о которых рассказывала мне моя любимая учительница: театр оперы и балета, библиотеку имени Фирдоуси, университет, в котором она училась...

Годы учёбы в школе пролетели быстро. Я стал лучшим выпускником, подрабатывал переводчиком английского языка. Ты, Некбахт, была в пятом классе. Училась на "отлично" и всё больше становилась похожей на свою маму. Часто твой взгляд становился грустным. Особенно, когда я делился своими планами об учёбе за рубежом или рассказывал, как иногда помогаю переводить сэру Джону в его поездках по стране. Ты всё чувствовала…

…Эта встреча была неожиданной. Сэр Джон взял меня в поездку в Гарм на встречу с командиром оппозиционного отряда. Ничто не предвещало беды. Таких поездок было много, обстановка в республике постепенно нормализовалась.

Чем меньше оставалось до резиденции командира, тем больше блокпостов. На последнем нас высадили из машины, вышел старший и … я узнал эти хищные глаза. Да, это был тот, кто убил моих родителей, сестричку, соседей. Я запомнил его глаза, когда бандита под конвоем вели в зал суда. Процесс был показательный и шел в актовом зале нашей школы. Учеников отпустили домой, но я задержался в библиотеке.

Бандит поймал мой взгляд и, хотя не узнал меня, понял, я что-то про него знаю. Первое, что он сделал - стал стрелять по нашим ногам. Мы отпрыгивали, а он смеялся. Ощущения - не из приятных. Потом сказал сэру Джону, что он может ехать, а меня возьмут в заложники. Сэр Джон связался с командиром оппозиционного отряда и поставил его в известность. Тот вызвал главу блокпоста. После разговора с командиром бандит отпустил нас со словами «сагбача, ман тура аз таги заминам меёбам - сукин сын, я тебя и под землёй достану!». А я подумал – «это я тебя теперь всюду найду, ты за всё ответишь по полной!»

Больше сэр Джон не брал меня в поездки и решил срочно отправить меня учиться в Европу.

Перед отъездом я часто забирал тебя, моя Некбахт, из интерната и мы гуляли по тенистым улочкам моего любимого города, по главной, центральной аллее, которую душанбинцы называют Аллеей влюблённых. Ходили в старый парк с тысячелетними чинарами и загадывали желания. Ты не догадывалась о главном моём желании - увидеть тебя в белом платье рядом с собой и никогда не расставаться...

Душанбе – это город, где сбываются мечты. И моя мечта обязательно исполнится. Я в это верил. Я же обещал сделать тебя счастливой! Ты никогда не будешь одинокой!

— "Не хотите пообедать?" - вернул меня к действительности голос улыбающейся стюардессы. После еды я хотел вздремнуть, чтобы скоротать время. Но мысли не давали мне покоя.

Перед отъездом на учёбу меня особенно тревожило то, что не смогу наказать того мерзавца, бандита и убийцу. Он мог выследить нас, и тебе, Некбахт, грозила опасность. Я вспомнил случай, когда меня из мастерской дяди привезли в Комитет национальной безопасности по жалобе соседа - якобы я являюсь шпионом, работая с иностранцами. Сэр Джон, узнав об этом, приехал к министру, всё уладил. Министр мне показался рассудительным и честным человеком. На прощанье он сказал: – «Если будут проблемы, обращайся». И я пошёл в министерство, рассказать об убийце моих родных. Министр вспомнил нашу встречу и сразу принял меня. Со вниманием выслушал про блокпост, про бандита, который принёс много страданий людям. Заверил, что хотя бандит сейчас скрывается, скоро будет пойман. На прощанье дал мне свой прямой номер телефона для экстренных случаев. Вечером того же дня по новостям передали, что в Душанбе был обезврежен один из самых жестоких главарей бандформирований. Утром следующего дня я позвонил министру и поблагодарил его за всё. «Благодари сэра Джона, - сказал он, - именно он дал все координаты и сообщил об опасности».

Боевик очень хотел найти меня, а нашёл свою смерть...

Последний день перед вылетом, мы не могли наговориться с тобой, Некбахт, и я обещал , что ты никогда не будешь одинокой. Ты плакала. Ты была ещё ребёнком. Хотя, если честно, мы, дети войны, очень рано повзрослели...

Перед отъездом я попросил сэра Джона помочь интернату с компьютерами и научил учеников ими пользоваться. В первую очередь тебя... Ты не хотела меня отпускать, и только старенький директор интерната смог тебя успокоить. Я принёс тебе мой любимый старый кассетный магнитофон и книгу - подарки твоей мамы. А директор пообещал мне, что будет беречь тебя, как свою родную дочь.

Учёба за границей давалась мне легко. Сэр Джон тоже был переведён на новое место. И началась наша виртуальная жизнь в сети. Мы были далеко и рядом: много общались, рассказывали друг другу все. Ты расцвела, Некбахт, и стала первой красавицей - так мне казалось. Ведь я любил тебя... Ты становилась похожа на маму не только внешне. Умница, отличница, скромная и прилежная, весь интернат был в тебя влюблён. Так говорил мне директор.

Возможности ездить на каникулы у меня не было,   я зарабатывал на свадьбу. Хотел сыграть её в моем городе мечты по окончании нашей учёбы. И ты была согласна...

- Командир экипажа объявил посадку. Я смотрел в иллюминатор и искал глазами тебя, моя любимая.

Ты меня встречала с цветами и ...слезами. Рядом с тобой были наши самые родные и близкие – директор интерната, мой дядя и... всё. Друзей у меня было много, но самых близких и родных я мог сосчитать по пальцам... Как я был счастлив, знал один лишь Бог и ты, моя дорогая. Мы поехали по улицам моего самого любимого города на свете – Душанбе. Он очень изменился за эти годы, стал расти ввысь, становясь похожим на другие города. И всё же оставалась та изюминка, та прелесть, которая всегда заставляла меня восхищаться им – неповторимые краски и пейзажи, которых нет нигде в мире! Прекрасный город, в котором исполнились все мои мечты...

Я понял, что в мире нет плохих мест и плохих народов. Люди бывают разные. Мне в жизни повезло: у меня были хорошие родители, учительница, подарившая мне целый мир, тебя - моя Некбахт. Русский командир, который на свой страх и риск, вывез нас из огня войны. Дядя, поделившийся с нами кровом и хлебом, несмотря на трудности, сэр Джон, который по-отечески отнёсся ко мне и отправил в этот огромный мир... Мир не без добрых людей и мне просто необходимо продолжить их дело - приносить людям радость, добро и счастье. И начну я этот праведный путь с тебя – я сделаю тебя счастливой, моя любимая Некбахт.

2. ВСЁ БУДЕТ ХОРОШО...

Рассказ дедушки

Питерский памирец

Несколько лет назад я приехал в Санкт-Петербург на заработки. Родом я из далёкого горного кишлака Дарморахт, расположенного среди красивых ущелий и высочайших памирских гор, в 2000 метрах над уровнем моря. Называли меня в Питере каким-то неприятным и непонятным для меня, словом гастарбайтер. Я был мастером своего дела и всегда находил работу – строил дачи. Люди в Питере очень похожи на моих соотечественников, такие же приветливые и добродушные. Многие удивлялись моему правильному русскому языку, а особенно моему имени. Мне работалось и жилось хорошо. А главное - мои внучата были довольны, денег на жизнь им теперь хватало. Я называл себя питерским памирцем. И постоянно вспоминал строки из любимого Хайяма:

> *Меняем реки, страны, города.*
> *Иные двери. Новые года.*
> *А никуда нам от себя не деться,*
> *А если деться — только в никуда...*

Этим летом в России было жарко, горели леса, люди все переезжали на дачи. Меня все соседи уже хорошо знали... Говорят, нет худа без добра – это точно. В тот день мне стало плохо, упал в обморок, дачники сразу вызвали скорую помощь, и очнулся я уже в больнице. Здесь меня оформляли как обычно - имя, фамилия, национальность. Медсестра, заполняя историю болезни, не удержалась, сказав – «Ну и фамилия, застрелиться можно. А имя-то»,- и улыбнулась. Когда я сказал, что я памирец, врач меня переспросил, а есть такая национальность? Я ответил - да...

Через несколько минут, после всех процедур, меня повезли в операционную, ко мне подошёл врач в марлевой повязке на лице. На таджикском языке он спросил:

– Хубед, падарджони помирии ман? - Как чувствуете себя, отец мой из Памира? - Сперва я испугался, но его добрые глаза вселили в меня уверенность и я ответил:
– Писарам, бад не, – не так уж плохо, сын мой.

Он успокоил меня, уверив, что всё будет хорошо и, засыпая под наркозом, я был спокоен. Оказывается, у меня был аппендицит и уже начался перитонит. Операция продолжалась ровно 6 часов. Пришёл в себя я уже поздно вечером, был очень слаб. Открыв глаза, увидел рядом доктора, который успокаивал меня перед операцией. Он был без повязки, и у меня сильно защемило сердце. Как он похож на моего младшего сына! Такой же высокий и красивый, вот только глаза миндалевидные.

– Ну как? - спросил меня доктор.
– Живой, слава Богу,- ответил я.

Он пощупал мой пульс, попросил медсестру быть рядом и выполнить все назначения. Попрощался и сказал, что дежурит здесь всю ночь - поменялся с коллегой. Позже я узнал, что он это сделал из-за меня.

Я долго не мог заснуть от боли. Мой доктор часто заходил в палату, добавлял медсестре назначения для меня, и та хлопотала надо мной. Наконец я забылся, утром мне стало легче.

В палату на обход вместе с моим врачом пришёл профессор. Он сказал, что только Фарходу (так звали моего доктора) доверяет такие сложные операции и всё будет хорошо. Мы улыбнулись друг другу, и я понял, доктор рассказал историю моего имени. А дело было так. У моего отца Шовалишоева Кадамшо после женитьбы родилась девочка, а затем каждый год рождались мальчики, но почему-то прожив немного, умирали.

Горю отца не было предела, все говорили, что причиной тому родственный брак. Отцу - потомственному строителю, из очень известного рода хотелось передать своё мастерство по наследству и он очень переживал. Родился я и отец долго не давал мне имени, боялся не выживу. В тот год из Ленинградского университета в наше селение на практику приехали студенты – они учились на востоковедов и изучали памирские языки. Среди них был очень красивый студент из Душанбе, все однокурсники называли его Петровичем (ныне известный в республике учёный). Он был весёлым парнем. Студенты ходили по домам и записывали местный фольклор, рассказы жителей кишлака. Когда они заглянули к нам, отец поведал свою грустную историю. Петрович с обычной весёлостью предложил назвать меня самым лучшим именем, с которым я буду жить долго. Узнав, что деда звали Шовалишо, отца звали Кадамшо, он предложил назвать меня Хорошо. И объяснил – хоро –это гранит, шо – это царь, мол пусть здоровье его будет крепким, как гранит. Мой отец, который не знал русского, поспешил в контору и сделал мне метрику. Узнав, как с русского переводится это слово, он радовался ещё больше, ведь я жил на радость всем и был крепышом! Вот так я стал Шовалишоевым Хорошо Кадамшоевичем. Профессор долго смеялся, потом сказал, что с таким именем точно всё будет хорошо.

А Фарход пообещал мне прислать в палату ещё одного земляка.

Таджикский Армянин

Когда друг Фархода весело представился на чисто таджикском южном диалекте: «Ман Хачик, точики армани ай чигари Кулов» -«я Хачик, таджикский армянин из печенки Куляба, то есть настоящий кулябец» мы засмеялись так громко, что испугали медсестру.

– Ну, что, ещё один потомок Авиценны, больно? - спросила она, делая укол.

Хачик ответил ей, что это Фарход настоящий и достойный потомок Авиценны, а мы так, просто рядом стояли. Когда мы остались одни, я спросил Хачика, откуда у него такое знание таджикского диалекта, и он рассказал мне историю своей жизни.

...Родители Хачатура приехали на всесоюзную стройку – возведение Нурекской ГЭС. Жили в таджикском селении, русских школ в той местности ещё не было, и он до 5 класса учился в таджикской. Все друзья - местные ребята, вот он и стал говорить на диалекте. Потом его отца пригласили работать в главное управление, и они переехали в Душанбе.

– Вот так я стал таджикским армянином, - сказал Хачик с гордостью. И спросил меня, почему при поступлении в больницу, я назвался памирцем.
– На это есть свои причины,- грустно ответил я и отвёл глаза. Хачатур понимающе кивнул и продолжил свой рассказ.

В начале 90-х годов в Душанбе начались националистические волнения. Почему-то подняли армянский вопрос, якобы таджикам негде жить, а городские власти все квартиры отдают армянам. Где-то начались погромы. Семья Хачатура жила на первом этаже многоэтажного дома. Все жители, а в основном это были таджики, встали на защиту. В этом же доме жил и Фарход с родителями и тремя братьями. Их семьи очень подружились.

Хачатур был музыкантом, играл и на старинном армянском инструменте -дудуке, и на кларнете. Он заразил Фархода и его братьев страстью к музыке. Они создали ансамбль, пользовались популярностью в городе и их с удовольствием приглашали на торжественные мероприятия. Для Фархода и его братьев это было хобби.

В годы гражданской войны Хачатур с Фарходом держались вместе, поддерживали друг друга как могли.

В те неспокойные дни как-то приехал на внедорожнике солидный с виду мужчина. Попросил взять инструменты и сыграть на его семейном торжестве. Они - молодые и неопытные парни согласились, не предупредив родителей. Решили хорошо подзаработать, им было обещано много денег. Повезли их куда-то в горы. Поначалу всё было нормально, но позже... Как они остались живы, один Бог знает.

Через неделю стало известно о смерти известного исполнителя Кароматулло, которого также с группой музыкантов увезли на свадьбу. Никто не вернулся...

У нас говорят: друзья – отражение друг друга. Я порадовался за прекрасного друга моего врача Фархода. Хачик ушёл, а я ещё долго думал – в те годы всем было нелегко, я был не одинок в своих испытаниях...

Утром следующего дня ко мне пришёл мой врач, я стал его благодарить за спасение, он скромно ответил, что это его работа, а спасибо надо говорить дачникам: если бы не они, вряд ли я остался жив и вместо лекарств процитировал строки из Хайяма:

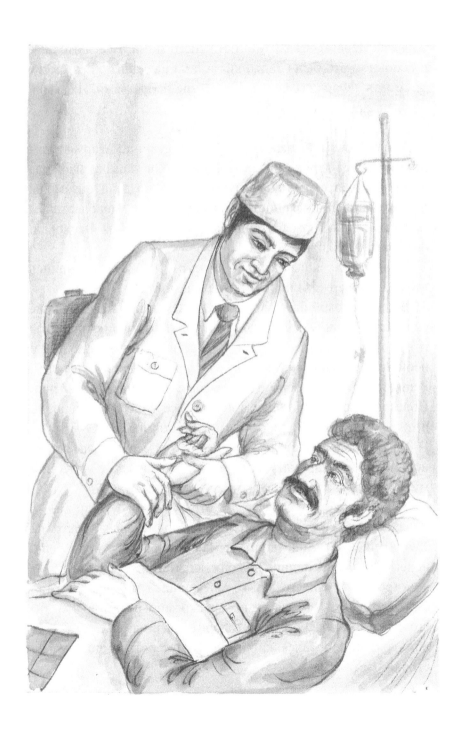

Чем за общее счастье без толку страдать
Лучше счастье кому-нибудь близкому дать.
Лучше друга к себе привязать добротою,
Чем от пут человечество освобождать.

ПОТОМОК АВИЦЕННЫ

Вечером, как и обещал, Фарход с сияющей улыбкой зашёл ко мне в палату. Он дежурил. Закончив все дела, он удобно расположился у кровати и стал слушать мой грустный рассказ...

...У меня было самое лучшее детство, отец во мне души не чаял, учил всем тонкостям строительного ремесла. Когда я окончил школу, то был уже мастером на все руки. Но отец посоветовал мне поступить в политехнический университет, высшее образование – обязательно!

— Это точно - осторожно перебил меня Фарход,- ведь не зря говорят, что на Памире и пастухи с высшим образованием.
— Да, – с улыбкой подтвердил я.

...Я поехал в столицу и поступил на строительный факультет. Через пять лет вернулся дипломированным специалистом. Сколько мы с отцом построили домов! Я женился, и у меня первой родилась девочка, потом два сына.

Дети быстро выросли, дочка уехала учиться в Душанбе, была отличницей, говорила на английском языке, как на родном. Она полюбила однокурсника и вышла за него замуж. Мы с женой были против – парень не наш, не памирец. Но дочь не послушалась и, обидевшись, уехала далеко от дома работать учительницей в сельской школе. Я тоже обиделся.

Выросли сыновья, старший уехал учиться, потом и младший. Началась перестройка. «Новые таджики» стали строить себе роскошные дома, особенно в столице. Сыновья звали меня к себе, чтобы на каникулах мы работали вместе. Потом старший закончил учёбу, женился. Строек было много, мы хорошо зарабатывали. Когда сыну выделили участок земли на окраине города, мы начали возводить красивый памирский дом. Место было не из лучших: под землёй находились грунтовые воды, но мы же потомственные строители! Хороший дом вырос. Оставались лишь отделочные работы. Я мечтал, что найду свою дочку и привезу сюда её с семьёй, мы помиримся и будем жить как раньше – все вместе. Но судьба распорядилась по-другому...

Началась война. В тот год мы задержались в Душанбе, сыновья хотели скорее отпраздновать новоселье. Я не знал, какое горе меня ждёт. Неподалёку от нашего нового дома, ближе к холмам в кишлаке Теппаи самарканди обосновался один из самых опасных бандитов, которого за жестокость прозвали Гитлером. В одну из своих ночных вылазок он ворвался к моим сыновьям и потребовал идти к нему в банду. Сыновья отказались, и он их расстрелял. Жена, не выдержав таких испытаний, слегла. Последние её слова: «Найди дочку, береги невестку и внучат...»

Первым моим желанием было отомстить, но один в поле не воин, и потом как оставить невестку одну с двумя маленькими детьми? Она меня удерживала от попыток взять оружие, внуки каждый день ждали меня, ведь я стал их единственным кормильцем...Время было очень трудное, работы не было, с продовольствием проблемы. Я решил поехать на заработки в Россию. На работу не принимали – говорили, что слишком стар, посмотрев на меня и дату рождения в паспорте, не верили что смогу хорошо трудиться. И только в Питере нашёл работу, так я и оказался здесь.

Фарход не мог сдержать слёз... Он молчал, было видно, как он переживает, а у меня даже и слёз не осталось, всё выплакал.

– Теперь я понимаю, почему вы решили не называться таджиком, - прервал тишину Фарход. - А дочь вы не нашли?

– Нет, но верю, что она жива. Узнал, что жила в приграничном районе и во время войны многие ушли в Афганистан, - ответил я.

... Ты был первым человеком, кому я рассказал историю своей жизни, мой доктор. Мне стало легче, когда я поделился с тобой этим тяжким грузом, который лежал у меня на сердце. Ты простодушно предложил мне быть его памирским отцом, ты был очень похож на моего младшего сына.

После моей выписки из больницы, названный сын постоянно связывался со мной - отдал свой старый мобильник, пригласил на свою защиту. Как я был горд за своего Фархода! На защите известные профессора говорили о его прекрасной работе, о публикациях в мировых научных журналах. Были отзывы из многих стран, говорили, что он хирург от Бога и у него золотые руки. Особенно мне понравилось, как руководитель подчеркнул, что он представитель народа, который подарил миру Авиценну!

Я от души поздравил Фархода.

– Отец, мы с Вами скоро летим в Душанбе, - огорошил он меня новостью, и добавил: Я приглашаю Вас на свадьбу, билеты на самолёт уже взял.

Это было неожиданностью для меня, ведь столько лет я не мог себе позволить желанную встречу, билеты очень дорогие: легче в Нью-Йорк слетать. Мне жалко было тратить деньги на дорогу, каждый рубль старался посылать внукам. «Какой же ты у меня хороший, Фарход, наконец-то я смогу увидеть своих родных», – радостно подумал я.

В Душанбе – моё сердце

Прилетели в Душанбе мы поздно ночью. Несмотря на это, нас встречало много людей, среди них я увидел невестку с детьми. Внуки стали взрослыми. Это был сюрприз.

Мама Фархода, радостно спросила меня: «Вы памирский папа моего сына?» Я ответил:« Да, мы таджики - одна семья».

Счастливее меня никого на свете не было. Брат Фархода приехал утром за мной и показал город. Какой же он стал красивый! Я смотрел на новые здания и удивлялся. Главное, что теперь всё было спокойно, будто войны никогда и не было. А ведь когда-то я покинул Душанбе с такой тяжестью на душе…

Вечером мы пошли на ужин к Фарходу – они жили теперь в недавно отстроенном красивом доме. Он познакомил со всеми своими родственниками, которые пришли на оши нахор – предсвадебный плов.

Меня ждал ещё один сюрприз. В Душанбе построили Новый Центр исмаилитов, на открытие которого приехал из Лондона сам принц Агахан. Мама Фархода дала мне приглашение на участие в торжестве. Я был на седьмом небе от счастья.

На открытие пришёл чуть ли не первым. Здание было очень красивым: я ходил по залам и наслаждался современной и в то же время традиционной архитектурой, интерьером. Народ постепенно заполнил центральный зал, вышел принц Агахан. Для меня его появление было каким-то знаком: я понял, что-то в жизни произойдёт. Так и случилось. Журналисты, гости, переводчики начали рассаживаться по местам. Вдруг у меня защемило сердце: среди них была моя дочь, но очень молодая - я не верил своим глазам! Мне сказали, что зовут её Некбахт - так же, как и мою мать!

Сколько было радости от встречи с внучкой Некбахт! Она рассказала свою историю, я свою, мы вместе плакали. Эта встреча была ниспослана нам небесами! Старания тех, кто нас любил, тех, кто помогал унять нашу боль, помогал переносить страдания, не прошли даром.

Проповедь имама, как бальзам, заживляла все мои душевные раны.

Дороги к Истине бывают разные, главное не сворачивать с этого пути. Верить в добро, справедливость, гуманизм, в силу божественного начала и видеть Его частичку в своем сердце.

Люди бывают разные. По поступкам одного человека или группы людей нельзя оценивать весь народ и страну. Одна из основных причин конфликтов в странах –разобщенность народа, деление на своих и чужих. А местничество – результат малообразованности. Надо быть единым народом, чтобы вместе строить цивилизованное общество и стремиться к прогрессу. Надо уметь прощать... О, как прав Хайям:

Когда б я властен был над этим небом злым,
Я б сокрушил его и заменил другим,
Чтоб не было преград стремленьям благородным
И человек мог жить, тоскою не томим...

Когда-то, уезжая из Душанбе, я чувствовал себя потерянным и одиноким, теперь обрёл большую семью. Я стал памирским отцом Фарходу и его братьям, его армянскому другу Хачатуру, а главное – нашёл свою кровиночку - внучку. И она была рада, что нашла меня, своих двоюродных братьев и тётю, гордилась, что у её детей есть дедушка! Она ведь думала, что была сиротой... Она повторила слова своего мужа, ставшего для нее самым близким человеком в трудные годы испытаний: Душанбе – это город, где сбываются мечты. Какое чудо мне подарил Душанбе – город радостных встреч! Мы достроим наш дом и будем жить там одной большой семьей...

Теперь всё будет хорошо!

3. ЛЮБОВЬ ПОБЕЖДАЕТ ВСЁ

Рассказ Некбахт

Бесприданница

Когда я возвратилась после долгой разлуки в свой родной и любимый город, в первую очередь мне захотелось посетить детский дом, увидеть моего учителя – старенького директора. Сколько детей-сирот в ходе бессмысленной гражданской войны в Таджикистане 90-х годов приютил этот дом! Теперь здесь все изменилось, и директор другой. Очень расстроилась, узнав, что моего муаллима не стало, после того, как год назад его «отправили» на заслуженный отдых. Мир праху его! Никогда не забуду слова учителя, которые стали девизом для меня – «сколько любви дашь людям, столько и получишь назад. Только настоящая любовь ломает все преграды и побеждает всё!».

Подъехала я к дому-интернату на маршрутном такси, на таком маленьком китайском микроавтобусе. Непонятно, как можно поместить в салоне столько народу?.. Было жарко, но я смотрела в окно и любовалась моим городом – городом надежд и любви, лучшим городом на Земле! Мне показалось, что он стал ещё краше. Но знакомых лиц мелькало меньше, мне также показалось, что город как-то осиротел. Многие покинули его, и, кто знает, вернуться ли? Мы вернулись...

– Ты платить не собираешься? - с добродушной улыбкой спросил меня водитель.

Я заплатила, объяснив, что засмотрелась по сторонам и, в свою очередь, спросила:

— А почему Вы обращаетесь ко мне на «ты»? Он ответил вопросом на вопрос:
— Ападжон, дутаи? - А что тебя двое, сестра?

Это было сказано так мило и весело, что все мы, кто был в маршрутке, засмеялись, а водитель также весело продолжил:

— Тогда надо и платить за двоих.

Я, конечно, не обиделась на него. Просто пожурила:

— В таком красивом городе должны жить красивые и воспитанные люди, надо учиться культуре общения, - сказала я водителю.
— Буду стараться, - ответил он.

Я уже заметила, что молодёжь в городе стала говорить на южном диалекте. И ко мне с моим литературным обращались «муаллима», а чаще «ойтимулло» - так почему-то называли всех, кто не говорил на этом диалекте. Неужели это деление на «южных» и «северных» у нас будет продолжаться вечно? Думая об этом, я не заметила, как подъехала к своей остановке и ноги сами понесли меня по дороге детства...

Я ходила по знакомым коридорам и увидела знакомый баннер, который сделали в честь Дня мира и единения наши шефы в первый год моего пребывания в детском доме. На баннере была фотография трёх девочек: меня, русоволосой и голубоглазой, белолицей и розовощёкой, и моих подруг, Нилуфар – красивой смуглянки с иссиня-чёрными волосами и миндалевидными глазами, и Зульфии – сияющей курносой, рыжеволосой, кареглазой девчушки с веснушками на лице. Под снимком на баннере было написано: «Дети разных народов – мы мечтою о мире живём!». Было смешно, придумали же такое! Мы таджички, а не дети разных народов, хотя судьбы наши точно разные. Как же мне захотелось с ними встретиться!

Нилуфар даже не знала кто её родители. Мама умерла во время родов, и никто не пришёл её забирать из роддома. Так она оказалась в приюте. Она слыла самой умной и прилежной среди нас. Училась на отлично, много читала. Экстерном окончила школу и уже в 16 лет стала студенткой университета. За хорошую учёбу и активную общественную работу получала Президентскую стипендию, при этом была очень скромной и помогала всем. Писала стихи на таджикском и русском языках. Мы всегда гордились своей подругой. Окончив школу, я вышла замуж и уехала за границу. Некоторое время мы общались с ней по Интернету, но когда Нилуфар вышла замуж, я потеряла её из виду. Очень хотелось узнать, где она теперь.

С Зульфией у меня связь не прекращалась. Но, когда я приехала в Душанбе, мы долго не могли увидеться: подруга моя крутилась в делах и заботах. Она пришла в детский дом, как обычно, с подарками для детей. Мы бросились друг к другу как сёстры, ведь мы столько времени не виделись...

Мне всегда казалось, что мужчина, женившись, берет любимую под своё крыло, бережёт её, стоит скалой, чтобы жена чувствовала себя за Мужем! Так в идеале, но в жизни бывает по-разному... Я поняла это, когда услышала рассказ подруги о Нилуфар.

Нилуфар была первой красавицей города. Много парней добивались её руки, но она ждала большую любовь. И дождалась. На втором курсе познакомилась с красивым молодым человеком, который увидел её и сразу влюбился. Он был художником и, несмотря на молодость, довольно известным. После свадьбы Нилуфар из красивой и цветущей девушки превратилась в уставшую и измученную женщину. Зульфия стала спрашивать подругу о жизни, но она молчала. Всё стало ясно позже. Некоторые из родственников художника были недовольны его выбором, считали невестку сиротой и бесприданницей.

Зульфия, как-то не предупредив подругу, зашла её навестить... и глазам своим не поверила. Та беременная, стояла на «пирамиде» из стола, стула и табуретки и мыла окна дома с улицы. Район Нагорный в Душанбе располагался на холмах и окна домов снаружи располагались высоко от земли. Увидев подругу на таком «возвышении», Зульфия очень испугалась и попросила её срочно спуститься. Но Нилуфар стояла на «пирамиде», пока не закончила работу. Во дворе её ждал большой бак с замоченным постельным бельём. Зульфия помогла подруге постирать и развесить его. Когда они закончили все дела, из дома вышла сестра мужа. Потирая глаза от послеобеденного сна, она с недовольством посмотрела на подруг. Сразу стало ясно, что Нилуфар пришлась не ко двору.

Муж был в мастерской. Зульфия пошла к нему и спросила, почему он не жалеет жену, ведь ей скоро рожать. Днём она занята бытом, ночью книжками – вообще не отдыхает, превратилась в старушку. Он ответил: «Мама сказала, что это полезно, легче будет рожать». С тяжёлым сердцем подруга уходила от Нилуфар. А утром узнала, что у неё были преждевременные роды и ребёнок погиб...

Всё познаётся в сравнении

Я никогда не думала, что Нилуфар – такая открытая и смелая - могла молча выдерживать такие испытания. И правда, любовь всесильна...

Сестра художника была своенравной и избалованной женщиной, чувствовалось, что очень завидовала брату. Всегда обсуждала и осуждала других, типа только она идеальна. В народе говорят, нельзя осуждать кого-то, особенно, если у тебя есть дочь... всё возвратится. Это правда. Ей не нравилось в Нилуфар всё, даже имя. Она постоянно жила с матерью, хотя у неё был свой дом. Сама ничего не делала - не умела и не хотела.

Нилуфар терпела, потому что любила мужа, и именно это больше всего раздражало его сестру. Прожили они так десять лет, растили двоих сыновей. Ничего не менялось в их отношениях и в результате недовольные родственники добились своего... Художник развёлся с Нилуфар и женился «на своей». Она оказалась из такой же семьи, из того же города, откуда родом они. Нилуфар с детьми уехала в Россию.

Зульфия была публичным человеком. Известная журналистка – она знала о дальнейшей судьбе художника. Вторая жена его была под стать сестре, та уже не могла ходить в родительский дом, как прежде. И мама художника уже не была хозяйкой, вроде всё стало, как она мечтала: и приданое огромное, и не сирота, и «своя», а жизни не было. Художник всё чаще стал надолго уезжать в командировки. Как-то встретил Зульфию и умолял дать адрес Нилуфар с детьми. Подруга пожала плечами: мол, не знаю ничего.

Вторая жена долго терпеть не стала. Когда мать художника тяжело заболела, невестка вывезла из дома всё ценное, оставив голые стены и, уехала к родителям. Ни разу не навестила больную.

Нилуфар, узнав о болезни свекрови, решила вернуться. Все дни была рядом с больной, ухаживала, как за родной матерью. Муж понял, какую ошибку совершил, расставшись с Нилуфар... Всё это время свекровь с бывшей невесткой очень много говорили о жизни.

— «Она была такая мудрая, а ведь мы никогда раньше так не общались», - говорила Нилуфар подруге, но Зульфия не понимала этой привязанности. А Нилуфар объясняла, что сама не знала ни своих родителей, ни бабушек и хотела, чтобы её дети никогда не чувствовали себя сиротами. Свекровь попросила Нилуфар вернуться к сыну, и ради деток остаться жить в доме. А когда поправилась, устроила большой праздник.

— Да, наверное, сиротам надо выходить замуж только за сирот, чтобы всё было хорошо,- закончила свой рассказ Зульфия. — Нилуфар всегда была доброй и умела прощать, я бы так не смогла, -добавила она.

— Она любила, а любовь побеждает всё, – ответила я словами нашего наставника и учителя.

Я хорошо понимала Зульфию. Ей в жизни досталось не меньше. Глядя на неё, никто не мог бы подумать, что на долю этой миниатюрной, хрупкой, но в то же время уверенной и сильной женщины выпали такие испытания...

Как трудно быть женщиной...

...Зульфия с детства была задумчивой и рассудительной. Мы думали, она станет юристом или писателем. В интернате называли её Королевой сочинений. Уж если она начинала писать, то это превращалось в рассказ чувственный и красочный.

Я знала всё про её трудную судьбу (спасибо Интернету!) ведь мы всегда были на связи. Она писала мне подробные письма – сочинения, такие душевные, искренние и сокровенные – настоящая книга жизни! Она всегда в них подчёркивала – во всех наших бедах виновата война.

Да, война принесла много горя и страданий... Многие уже и не вспоминают те тяжёлые годы, потому что она их

не коснулась. Нам же – сиротам той бессмысленной войны, никогда не забыть испытания, которые легли на наши маленькие, хрупкие, детские плечи...

В отличие от нас, Зульфия помнила и знала многое о своих родителях. Отец её окончил Киевский мединститут и возвратился на родину не один. Он полюбил однокурсницу, которая приехала в Киев учиться из Казани. После получения дипломов молодые супруги были направлены в Душанбе и стали работать в госпитале. Когда у них родилась дочь, им не пришлось долго выбирать ей имя. Рыжие локоны украшали маленькую головку, и они не раздумывая назвали её «Зульфия» - красивые локоны. Этот ребёнок был плодом искренней любви. Родители в ней души не чаяли. Как молодые специалисты они получили квартиру, купили машину. Счастье так бы и жило в их доме, если б не было войны...

Отец Зульфии был родом из Тавильдары. Когда начались военные действия, этот район стал одним из центров нестабильности. Жить там было опасно, и он решил вывезти своих родителей оттуда в Душанбе. Оставив ранним утром дочь с нянечкой, родители Зульфии обещали уже вечером быть дома. Уехали, и... не вернулись. Так она оказалась в приюте.

В личной жизни ей не повезло. Полюбила, вроде бы, хорошего парня. Он был солистом ансамбля - известным исполнителем, красиво ухаживал. Только после свадьбы Зульфия поняла, что он употребляет наркотики. Через год у них родился ребёнок, а ещё через полгода муж умер от передозировки. С ребёнком на руках она осталась на улице.

Но главное испытание ждало Зульфию впереди. Напротив их съёмной квартиры жил немолодой одинокий мужчина - работник внутренних органов. Он был добродушен и приветлив. А когда в семье случилось горе и Зульфия осталась одна с малышом, он предложил свою помощь. Она была благодарна ему, веря, что сосед делает всё бескорыстно, по-отечески, ведь он был намного старше. Он иногда приходил к ней и рассказывал, что развёлся с женой и живёт один. Зульфия жалела его: готовила вкусные блюда и звала попробовать. Её малыш очень привязался к соседу, называл его дедушкой.

Зульфия, устроилась работать помощницей в хорошую семью. Хозяйка была журналисткой, и сразу разглядела в домработнице творческую натуру. А когда малыш подрос, пригласила Зульфию на работу в свою редакцию. Наша «Королева сочинений» быстро поднялась по карьерной лестнице, стала самостоятельной. Только сосед совсем изменился...

— Как-то после работы я возвращалась домой, - рассказала мне Зульфия. - Вдруг рядом остановилась машина. Это был сосед. Ничего не подозревая, я приняла его предложение подвезти меня. Всю дорогу он читал стихи. Вдруг, извинившись, он повернул в мастерскую по ремонту машин, чтобы проверить «давление в колёсах».

— А знаешь, это мои стихи, - сказал он, - и я их посвятил тебе.

Зульфия была в недоумении:
— Выходит, поэтов не осталось, все подались в политику,бизнес, а может ещё куда... И поэтому теперь работники органов стали поэтами. А я то думаю, поэтических сборников на прилавках куча, но читать и покупать их некому, - ответила она.

Сосед, не слышал будто, крепко сжал ей руку, притягивая к себе. Зульфия не выдержала и наотмашь ударила в ненавистное лицо. В ужасе выпрыгнула из машины…

Она поняла, что вся его помощь была не бескорыстной. Тот стал угрожать, тогда Зульфия сказала, что пойдёт к нему на работу и всё расскажет. Сосед не оставлял её в покое, и она навела о нём справки. Узнала о его семье, живущей в кишлаке и тёмных делишках. Все сведения собрала в папку и отнесла ему в контору...

— Вот теперь я знаю, почему случилась война, - сказала Зульфия. – Все стали заниматься не своим делом. Это привело к хаосу и беспорядку.
— А мне, кажется, гражданская война происходит от бедности, - возразила я.

Я была в шоке от услышанного. Зульфия сказала, что пережитое станет для неё жизненным уроком. Нельзя верить всем подряд.

— А ведь многие наши девушки, одинокие женщины соглашаются на роль второй жены – кто-то от отчаяния и безысходности, кто-то из-за денег. - Как трудно быть женщиной! - с грустью добавила подруга.

В этом райском уголке земли...

Нилуфар, как и обещала, подъехала позже. Она была не одна – с мужем. Увидев нас, он улыбнулся и спросил:

— Ну как, дети разных народов, все мечтаете?
— Да, мечтаем о мире, любви и, чтобы на земле не было сирот, - подтвердила Зульфия.
— И чтобы не было войны, - добавила я.

– Сегодня я повезу вас в «райский уголок», - сказал муж Нилуфар и мы все поспешили к машине.

По дороге стали вспоминать, как нас – детишек из детдома представитель ООН – сэр Джон в нашем новом микроавтобусе летом возил в зону отдыха на Варзоб – живописное ущелье на выезде из Душанбе. Знойным летом здесь всегда было прохладно. Каждый год мы ждали конца весны, чтобы отдохнуть в этом райском уголке...

Через пятнадцать минут мы были на месте – теперь здесь шло строительство пансионата для детей-сирот. Мой дедушка был главным на стройке, он передавал своё мастерство внукам, которые ни на шаг не отходили от него. И не забывал читать им стихи великих таджикских классиков. Он рассказывал им притчи из «Гулистана» Саади и было слышно, как он читал его стихи:

Все племя Адамово - тело одно,
Из праха единого сотворено.
Коль тела одна только ранена часть,
То телу всему в трепетание впасть.
Над горем людским ты не плакал вовек, -
Так скажут ли люди, что ты человек?

Наш дядя, который в трудные годы войны приютил нас, приехал сегодня со всеми сыновьями и внуками на хашар (субботник). Все были заняты работой. Я искала мужа. Он стоял рядом с мангалом и готовил нам вкусный обед. Увидев меня, он подбежал и взял на руки. Я заметила, как подруги переглянулись, а у меня сжалось сердце, ведь в их жизни не было такого чуда любви, которое мы сохранили с мужем. А мой родной и самый близкий мужчина с улыбкой спросил:

— Некбахт, милая, я сделал тебя счастливой?

— Да, но это только начало. Уверена, ты сделаешь счастливыми детей, которые скоро будут отдыхать в своём пансионате. Как же я люблю тебя, - ты умеешь дарить радость!- ответила я.

...Мы вновь втроём - «дети разных народов», как когда-то в далёком тревожном детстве, сидели на берегу бурной, горной реки и радовались, что теперь у нас большая дружная семья. Какие же мы сироты? Вот сколько нас!

Нам никто не мешал, только младший сын дяди - Назар постоянно издалека смотрел в нашу сторону. Я всё знала, и мигнула Нилуфар, мы громко засмеялись. Зульфия, улыбнувшись, извинилась и пошла к нему. А нам оставила листок бумаги со стихами:

В этом райском уголке земли,
Мы, пройдя сквозь муки и страдания,
Вдруг находим огонёк любви,
Верьте мне, он стоит ожидания
В этом райском уголке земли...

Дорога к счастью нелегка, и только любовь делает нас сильными и мудрыми. Если в душе горит, а не тлеет огонёк любви, никто не будет одиноким. Любовь побеждает всё, ломает все преграды, делает нас другими - искренними, милосердными, отзывчивыми, готовыми поделиться радостью.

4. ЕСЛИ Б Я ВЛАСТЕЛИНОМ СУДЬБЫ СВОЕЙ СТАЛ...

Рассказ Шерназара

Ищите рай под ногами матерей

Вы знаете, что такое родиться в многодетной семье, самым младшим, десятым ребёнком? А я знаю, потому что это - про меня.

Появился я в семье, где уже было девять детей – пять старших сестёр и четверо братьев. Назвали меня Шерназар – дословно – «взгляд льва». Но я с пелёнок был таким маленьким и болезненным, что братья называли «мурчашер» - муравьиный лев. Позже старшая сестра рассказала, что моё появление в семье было неожиданным: младшему из братьев было десять лет, и мама была уверена, что больше детей не будет. Узнала она о ребёнке только на третьем месяце беременности.

Перед самым моим рождением наша семья из горного кишлака перебралась в столицу. В годы перестройки жить в селе стало сложно, и отец решился на переезд. Долгие годы он работал водителем у сельского главы и хорошо разбирался в машинах. Это ему помогло найти себя в большом городе – он начал заниматься ремонтом легковых машин, а позже открыл частную мастерскую. Работников нанимать не надо было – все мои братья стали его помощниками. Работы было много, а значит и в семье был достаток. Всё бы так и шло, если б не было этой бессмысленной гражданской войны...

Я был тогда очень маленьким, но помню, что постоянно хотел есть. Когда братья смеялись над моей худобой, мама, улыбаясь, говорила:

— Все свои силы и витамины отдала вам, ему достались только крохи. Зато только он родился в столице - в славном городе Душанбе. Подождите, вы ещё будете им гордиться!

Мне казалось, что я никогда не был сыт. Помню, как в холодное утро в первый год войны мама пришла со мной на руках к хлебозаводу и простояла два часа в очереди, умоляя дать лишнюю буханку по справке о льготах многодетной матери. Ей, конечно же, дали, но почти половину этой буханки по дороге съел я. Наверное, мне по-детски было обидно за постоянное чувство голода, поэтому рос капризным и обидчивым. За что и получал от старших братьев. Мама заступалась за меня, а я всегда прятался за ней, держась за её коленки.

В то военное время всем было нелегко, но я был маленьким и многого не понимал. Отец трудился не покладая рук и вместо вагончика, который он приобрёл при переезде, уже строился наш домик, благо двор был большой. Как-то утром к нашему дому подъехала машина. Отец пошёл за калитку и вернулся с парнем и девочкой моего возраста. Оказалось, что это были мой двоюродный брат Али и его соседка - сирота, их привезли из мест боевых действий. Они остались жить у нас. Не знаю почему, но я ещё больше стал злиться, мне казалось, что теперь я никогда не наемся досыта. Особенно я не любил маленькую Некбахт, ей от меня доставалось больше всех. Но она была очень сдержанной и доброй девочкой, и только тихонько плакала, ожидая возвращения моего двоюродного брата Али со школы или из мастерской, где тот помогал отцу. Он постоянно приносил ей конфетку или печенье, а она всегда делилась со мной. Через три месяца Некбахт устроили в сиротский дом, и я вдруг загрустил...

Теперь-то я знаю, что в детстве характер у меня был не из лёгких. Братья считали, что я выросту злым и вредным. И только Али повторял всем: «Если так говорить, то и будет плохим. Надо постоянно внушать человеку только хорошее, что бы он в это поверил». Но у братьев не было времени на моё воспитание. А мама настолько была занята хозяйством и бытом, что лишь в редкие минуты брала меня на руки, целовала и тихо шептала на ухо: «Держись за Али». По ночам случались перебои с электричеством, и город погружался во тьму, да ещё отключали газ, поскольку Узбекистану было невыгодно продавать топливо бедным соседям. Дома было холодно, но мама согревала меня, я спал в её объятьях...

Я уже ходил школу, когда многое изменилось в моей жизни. Все братья женились. Старший брат, который жил с нами, получил российское гражданство – благо тогда было это сделать легче – и всей семьей решил переехать в Россию. Али собрался ехать на учёбу далеко за пределы республики и ходил счастливый. Но увидев, как я грущу, стал говорить, чтобы я хорошо учился и тогда смогу приехать к нему. А мама стала болеть и таять на глазах.Потом и вовсе слегла. Али прощался с ней очень странно, как будто навсегда, и только я не понимал, что так оно и было. Мама на прощанье попросила Али не забывать младшего брата. И еще сказала, что хотела бы дожить до того дня, когда она смогла бы гордиться своим младшеньким. Али обещал ей, что так и будет...

Он уехал, взяв с меня слово,что я буду часто навещать сестричку Некбахт в сиротском доме, буду рядом, чтобы она не чувствовала одиночества. А главный наказ Али дал такой: беречь больную маму, приносить каждый день пятёрки из школы и радовать ее – тогда она точно поправится. Али рано понял, что мама – самое большое богатство каждого человека, только не все дети это осознают.

Через месяц ее не стало ... Всё это время, я приходил со школы, радовал её своими пятёрками, она гладила меня по голове и постоянно повторяла: «держись за Али». В день её смерти, я вдруг сразу повзрослел. Помню, что я убежал, где-то прятался. Нашла меня Некбахт: она знала, где я сижу когда обижен. Только ей удавалось найти слова, которые были мне так нужны.

Я долго не мог успокоиться. И отцу было тяжко. Он молча гладил меня по голове – так мы вместе переживали нашу потерю. Меня преследовала картинка из детства, как я прятался за маму, держась за её колени. Воистину, ищите рай под ногами матерей!

Чужого горя не бывает

Каждую неделю на выходные Некбахт приходила к нам и приносила письма от Али. В них он писал, как мама хотела, чтобы я выучился, и все бы мной гордились – это было её желанием, и я должен сделать всё для этого. Как-то раз Некбахт пришла со старым кассетным магнитофоном, книжкой и кассетами, и сказала, что Али смог уехать учиться благодаря этому «маленькому и простому чуду», подарку её матери, погибшей в годы той бессмысленной войны. Она попросила беречь магнитофон, он был единственной вещью, которая напоминала ей о маме.

Я стал усиленно заниматься английским, ходил к Некбахт, чтобы работать на компьютере. Директор разрешал мне, доверял, потому что уважал Али и любил Некбахт, как свою дочь.

Именно такое серьёзное отношение к учебе помогло мне пережить горе утраты и понять, что я не один. Отец радовался моим успехам, и с гордостью показывал всей родне мои дневники с пятёрками, а в конце учебного года прятал их, обещая вернуть, когда я буду взрослым.

Я и Некбахт оканчивали школу в один год. Ждали Али - он должен был приехать из Америки уже дипломированным специалистом, магистром по международному праву и экономике. Мы так хотели обрадовать его своими успехами. Хотя признаюсь, мне было грустно оттого, что опять предстояла разлука, и не только с Али. Некбахт готовилась к свадьбе, после которой молодые должны были уехать заграницу.

Встречать Али поехали отец, Некбахт и директор детдома. Меня попросили остаться дома, чтобы встретить всех уже у ворот. И вот он наш Али. Мы не верили глазам своим – как он возмужал, каким джентльменом стал! Али смотрел на меня и, похоже не узнавал, видимо я тоже очень изменился. Мне было приятно, что Али держится со мной на равных и доверил самые ответственные моменты в проведении всех свадебных мероприятий. Свадьба, по общему мнению, была очень скромная. А я красивее и солиднее этого торжества так больше никогда и не видел.

После свадьбы Али пригласил меня на серьёзный разговор. Он сказал, что написал письмо в филиал Кембриджского колледжа в Карачи о моём дальнейшем обучении и получил положительный ответ. Это было для меня неожиданностью. Отец вначале был против - переживал, что в Пакистане неспокойно. Но Али назвал разные страны мира, где была нестабильная обстановка, вспомнил о гражданской войне в Таджикистане, и папа больше не возражал.

Я не находил слов, чтобы отблагодарить Али. Он так поддерживал меня все эти годы, многому научил, несмотря на то, что мы жили на огромном расстоянии друг от друга. И ещё я был горд, что Али доверил мне Некбахт: она стала мне самым близким человеком. «Чужого горя не бывает», - сказал мне в ответ Али. А потом прочитал стихи Саади:

Все племя Адамово – тело одно,
Из праха единого сотворено.
Коль тела одна только ранена часть,
То телу всему в трепетание впасть.
Над горем людским ты не плакал вовек, -
Так скажут ли люди, что ты человек?

Кто битым жизнью был, тот большего добьётся...

Али и Некбахт уехали. Мне тоже надо было готовиться в дорогу. Отец ходил грустный, но я обещал писать и звонить. Наш дом, в котором все дни свадебных торжеств было полно народу, постепенно опустел. И только подружка Некбахт – Зульфия приходила и наполняла дом радостным смехом. Она называла меня «самбуса», и было за что...

Когда я был маленьким, не мог спокойно пройти мимо тандыра, где готовили и сразу продавали самбусу. Вкусный запах зиры (горный тмин) заполнял всю улицу. Со слезами просил всех купить пирожок, но мне отказывали в этом удовольствии, а я не понимал почему. Как-то Али решил всё-таки отвести меня в самбусочную и купил сразу две большие, горячие самбусы. Сел за стол со мной. Радость моя закончилась сразу, как только я начал есть. Посмотрел по сторонам - везде на столах горками лежала начинка от того лакомства, о котором я так долго мечтал – лук и жир, а посетители ели, в основном, поджаренное в тандыре тесто. И вдруг я увидел известного комического актёра Убайдулло, который расположился рядом и тоже был недоволен своей трапезой. Он мне подмигнул, улыбнулся и вошёл в роль. Стал браниться, ругал кого-то, и постоянно повторял – «мешудаст-ку» - «можно же, оказывается». Вокруг собрались люди. Повар, он же и хозяин тандыра недовольный подошёл к Убайдулло, и спросил в чём дело? Актёр объяснил, что вчера попросил жену испечь самбусу, а та ответила, что

нет мяса. Вот и ругается на неё, показывая на стол с горками лука. - «Мешудаст-ку!»,- закончил он, и все кто был там, стали громко смеяться. Говорят, что после этого случая самбуса стала вкусней и мяса в ней больше, но у меня на всю жизнь пропало желание покупать самбусу на улице...

Летел я в Карачи через Ташкент. Али попросил меня отвезти в подарок его партнёру по бизнесу какой-нибудь сувенир, и я недолго думая взял красивый инкрустированный, ручной работы нож. В каждом доме Центральной Азии такие ножи используются, и все знают, что самые красивые и крепкие делают в нашем древнем Истаравшане. Никогда не прощу себе такую беспечность...

В ташкентском аэропорту меня задержали, 16-летнего парня на ночь оставили в каком-то тёмном подвале. Вывели оттуда в полночь на допрос, долго мучили, задавая на узбекском вопрос за вопросом, а я не мог ничего понять. Наконец привели переводчика – пожилого узбека. Тот спросил о содержимом багажа, я всё помнил и назвал все предметы. Объяснил, что еду в Карачи на учёбу, показал все документы и не забыл о подарке. Видя мою искренность и открытость, они поверили и наутро отпустили. Проводили до самого самолёта, и только прибыв на место, в багаже я не обнаружил ножа...

В Карачи меня встретили как сына. Партнёра по бизнесу Али тоже звали Али, но он был старше моего отца и я называл его аму Али - дядя Али. Я впервые встретил человека, который был само совершенство. Спокойный, добрый, одухотворённый, немногословный, начитанный, умный, умеющий быть на равных со всеми и умеющий объяснять. Он стал мне духовным отцом, другом, учителем, наставником и «ангелом-хранителем» на всю мою жизнь. Благодаря ему мне многое в жизни стало понятным.

Я уже хорошо знал английский и дядя пригласил меня поработать в его конторе. Аму Али открыл мне глаза на многое. Я часто рассказывал ему о своей жизни. Он улыбался и говорил, что всегда надо сравнивать свои испытания с испытаниями других людей, и цитировал рубаи Хайяма:

Кто битым жизнью был, тот большего добьётся,
Пуд соли съевший выше ценит мёд.
Кто слёзы лил, тот искренней смеётся,
Кто умирал, тот знает, что живёт.

Если б я...

Незаметно прошли два года учебы. Сдав все экзамены с положительными результатами, я мог бы продолжить обучение в любом вузе Великобритании, но для этого нужны были большие деньги. Я решил ехать в Душанбе, устроиться в международную организацию и заработать себе на учебу. Какой же я был наивный...

Прилетел я в свой любимый Душанбе окрыленный. Отец был очень рад, устроил небольшой семейный праздник и постоянно повторял:«видела бы мама, как мы все гордимся тобой!» Помогала по дому какая-то женщина. Я спросил у отца: «Кто это?». Он отвел глаза, и брат за него ответил: «Это папина новая жена». Я выбежал на улицу, домчался до мастерской и заплакал.

Вдруг к мастерской подъехал внедорожник, был слышен разговор на повышенных тонах. Какая-то девушка закричала, я подбежал, рванул дверь, и из машины выскочила раскрасневшаяся Зульфия.

Увидев меня, она обрадовалась, схватила за руку и прошептала: «Тебя мне сам Бог послал». Мы пошли в сторону дома, и она рассказала о конфликте. А когда увидела, что я не хочу входить в дом, спросила, в чем дело. Я ответил с обидой, что папа женился, и мне это неприятно. Зульфия меня отругала.

А потом разъяснила, что женщина может жить без мужчины, но мужчине, прожившему всю жизнь с женщиной, трудно в старости без ее помощи. Мы вместе зашли в дом. Отец очень был рад моему возвращению. Извинился, что не рассказал о своей женитьбе: боялся, что я вообще не приеду домой.

После того случая с Зульфией, ее «ухажер» стал мстить нашей семье. Сделал все для того, чтобы отец вообще отказался от своего бизнеса. Братья тоже не могли противостоять ему, решили уехать в Россию. Я вроде и нашел работу в международной организации, но понял – не смогу заработать на дальнейшую учебу. Обо всем этом я написал Али. Он посоветовал мне пойти к министру безопасности, которого очень уважал, и все рассказать ему. Я так и сделал. Конечно, пройти к нему было нелегко, но когда я объяснил, что пришел по совету брата, он вспомнил Али, принял меня, выслушал и помог. С налоговиком, который не давал нам спокойно жить, обещал разобраться. Посмотрев мои документы, он посоветовал мне обратиться от его имени к представителю таджикско-британского холдинга господину Смиту.

Всё лето я работал в холдинге. Господин Смит был доволен, поверил мне, помог и с оплатой учебы, но с условием, что буду отрабатывать свой долг в их компании. Я был на седьмом небе от счастья.

Годы учебы прошли быстро. Было нелегко. Утром я уходил в университет, после обеда работал в британском офисе господина Смита, ночью подрабатывал в ресторане, чистил до полуночи картошку. Но какое это было время! Оказывается, в вузах Британии учились студенты из нашей республики. Мы создали свою таджикскую диаспору в Британии, открыли фонд помощи детям Таджикистана. Такие же диаспоры были и в Америке, и в России. Как нас раскидало по всему миру…

В свой родной и любимый город я возвращался с большими надеждами и наполеоновскими планами. Наверное, многие чувствовали такое, когда после долгой разлуки возвращались на Родину. Встреча была радостной. Гордый за брата, Али не скрывал своего волнения. Отец, вытирая слезы, повторял : «Мама всегда говорила, что мы будем тобой гордиться!»... Зульфия с сыном и Некбахт стояли в сторонке и улыбались, повторяя – «мешудаст-ку!» - «можно же, оказывается».

Меня сразу повезли за город, в Варзоб – райский уголок земли – там строили место летнего отдыха для сиротского дома. Как радостно было видеть нашу большую семью, друзей, самых близких мне людей. Этот день стал для меня знаменательным – я сделал предложение Зульфие, и она ответила, что согласна.

Дома меня ждал «сюрприз» - сын жены отца с огромной бородой сидел в большой комнате и перебирал чётки. Я подумал, что сидит домулло (служитель мечети) и поздоровался с почтением. Когда присмотрелся, узнал его и с удивлением спросил:

– Что с тобой?

За него ответил отец:

– Это наш святоша. Представляешь, когда-то люди, чтобы получить сан домулло , где только не учились, поклонялись святым местам, совершали паломничество, творили богоугодные дела. А этот за два месяца – и в святоши. Не то салафит, не то ваххабит. Ничего не делает и всех поучает.

– Отец устал, подай подушки, пусть приляжет, - возмущенно сказал я.

– Устал? Тогда пусть сто раз намаз почитает, - невозмутимо ответил наш «святоша».

– Что? Где, в каком месте Корана сказано о непочтении к родителям и про стократный намаз? – не выдержал я. – Ну-ка встань, когда приходят старшие! Кто тебя такому исламу учит?..

Позже, мне Зульфия объяснила, что это стало проблемой в республике: много молодых людей, особенно девушки, перестали посещать школу, нигде не работают, уходят во всякие религиозные секты и какие-то непонятные группы. Не голодают, их кто-то подкармливает. Одни уезжают на заработки, других превращают в зомби религиозные фанатики. «Хорошо, что такие парни, как ты возвращаются», - постоянно повторяла она.

Надо было устраиваться на работу. Таджикско-британский холдинг стал уже таджикско-китайским, туда меня не взяли. Перед отъездом из Лондона господин Смит, открывший там еще один филиал, предложил мне работу, но я решил во что бы то ни стало вернуться на Родину.

В большом банке мне предоставили работу. Непосредственный мой начальник был молодым и неопытным, из«блатных» - устроился туда с помощью родных. Целыми днями ничего не делал, всю работу взвалив на подчинённых. Кого-то он мне напоминал. Как-то он попросил меня остаться после работы. Вечером в кабинете он ждал меня со своим братом. Это были сыновья того налоговика, который своими угрозами и поборами заставил отца отказаться от бизнеса, и который в ту злополучную ночь угрожал Зульфие. Оказывается, отца их после моего сигнала хотели уволить с работы, но он быстро «подсуетился» и оформил пенсию. Они предложили мне поехать с ними, а когда я отказался, они предупредили, что плохо будет не мне, а Зульфие. Я поехал. У Дома печати на остановке стояла Зульфия. По ее беспокойному и испуганному взгляду я обо всём догадался.

Нас везли долго. Остановились у больших ворот. Провели в дом. Что было потом, я уже не помню. Шум, брань, крики. Я без памяти упал на пол и очнулся в объятьях Зульфии:

– Все в порядке, слава Богу, друзья успели.

Позже я узнал, что кто-то позвонил Зульфие и сказал, что мне грозит опасность, и чтобы она вышла на дорогу. Первым делом она связалась с друзьями, всё рассказала и помчалась мне на выручку. Друзья незаметно преследовали машину и, подъехав, выручили из беды. Все бы хорошо, да только после этого нас стали вызывать в милицию и хотели возбудить дело по факту драки и порчи имущества на даче персонального пенсионера – опять «связи». Пришлось долго доказывать им, что «мы не верблюды».

На работу я больше не пошёл. Дома тоже не мог спокойно смотреть на своего сводного брата, хоть выгоняй! Ещё старшая сестра приехала из района – нашёлся муж, уехавший десять лет назад на заработки и без вести пропавший. Оказывается, он все эти годы жил с другой и они родили пятеро детей. Но всё отрицал. А ещё соврал, что мать у него умерла. Что случилось с людьми? Сказать о живой матери, что она умерла, отказываться от своих детей – неужели не мучит таких мужчин совесть?

Али предложил работу в международной организации, но я хотел работать по специальности. Понял, что работая за границей, я смогу больше принести пользы стране и решил уехать.

Оставлял свой любимый город с тоской. Зульфия обещала приехать позже – надо было оформить все документы на себя и на ребенка. Отец опять загрустил. Али согласился помочь мне с отъездом. На прощанье он сказал мне, что жизнь сложна, но только от тебя зависит, как ты ее проживёшь, несмотря на все испытания. И прочитал мне строки из любимого Хайяма

Если б я властелином судьбы своей стал,
Я бы всю ее заново перелистал.
И безжалостно вычеркнув скорбные строки,
Головою от счастья небо достал!

Да, если б я мог управлять судьбой, я б сделал так, чтобы никогда и нигде не было войны, чтобы не было сирот, чтобы не голодали дети, чтобы родители и сестричка Али были живы, чтобы мама была жива, чтобы, чтобы, чтобы...

Как мне повезло с тобой, мой дорогой Али. Может имя твое содержит энергию добра и совершенства? Я об этом говорил еще Аму Али, но он сказал, что не имя возвышает человека, а человек – имя. Если у меня будет сын, я обязательно назову его этим именем.

И все-таки я вернусь в свой любимый Душанбе - город, где сбываются мечты.

HERTFORDSHIRE PRESS

Title List

Igor Savitsky:
Artist, Collector, Museum Founder
by Marinika Babanazarova (2011)

Since the early 2000s, Igor Savitsky's life and accomplishments have earned increasing international recognition. He and the museum he founded in Nukus, the capital of Karakalpakstan in the far northwest of Uzbekistan. Marinika Babanazarova's memoir is based on her 1990 graduate dissertation at the Tashkent Theatre and Art Institute. It draws upon correspondence, official records, and other documents about the Savitsky family that have become available during the last few years, as well as the recollections of a wide range of people who knew Igor Savitsky personally.

Игорь Савитский: художник, собиратель, основатель музея

С начала 2000-х годов, жизнь и достижения Игоря Савицкого получили широкое признание во всем мире. Он и его музей, основанный в Нукусе, столице Каракалпакстана, стали предметом многочисленных статей в мировых газетах и журналах, таких как TheGuardian и NewYorkTimes, телевизионных программ в Австралии, Германии и Японии. Книга издана на русском, английском и французском языках.

Igor Savitski: Peintre, collectionneur, fondateur du Musée (French), (2012)

Le mémoire de Mme Babanazarova, basé sur sa thèse de 1990 à l'Institut de Théâtre et D'art de Tachkent, s'appuie sur la correspondance, les dossiers officiels et d'autres documents d'Igor Savitsky et de sa famille, qui sont devenus disponibles dernièrement, ainsi que sur les souvenirs de nombreuses personnes ayant connu Savistky personellement, ainsi que sur sa propre expérience de travail a ses cotés, en tant que successeur designé. son nom a titre posthume.

LANGUAGE: **ENG, RUS, FR**   ISBN: **978-0955754999**   RRP: **£10.00**
AVAILABLE ON **KINDLE**

Savitsky Collection Selected Masterpieces.
Poster set of 8 posters (2014)

Limited edition of prints from the world-renowned Museum of Igor Savitsky in Nukus, Uzbekistan. The set includs nine of the most famous works from the Savitsky collection wrapped in a colourful envelope. Selected Masterpieces of the Savitsky Collection.

[Cover] BullVasily Lysenko 1. Oriental Café Aleksei Isupov 2. Rendezvous Sergei Luppov 3. By the Sea. Marie-LouiseKliment Red'ko 4. Apocalypse Aleksei Rybnikov 5. Rain Irina Shtange 6. Purple Autumn Ural Tansykbayaev 7. To the Train Viktor Ufimtsev 8. Brigade to the fields Alexander Volkov This museum, also known as the Nukus Museum or the Savitsky

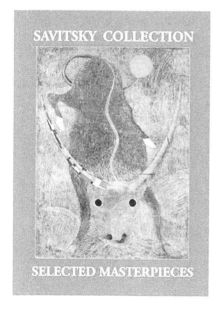 

ISBN: **9780992787387**
RRP: **£25.00**

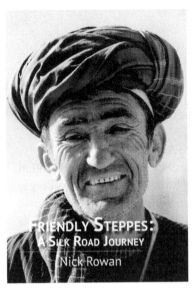

Friendly Steppes. A Silk Road Journey
by Nick Rowan

This is the chronicle of an extraordinary adventure that led Nick Rowan to some of the world's most incredible and hidden places. Intertwined with the magic of 2,000 years of Silk Road history, he recounts his experiences coupled with a remarkable realisation of just what an impact this trade route has had on our society as we know it today. Containing colourful stories, beautiful photography and vivid characters, and wrapped in the local myths and legends told by the people Nick met and who live along the route, this is both a travelogue and an education of a part of the world that has remained hidden for hundreds of years.

HARD BACK ISBN: **978-0-9927873-4-9**
PAPERBACK ISBN: **978-0-9557549-4-4**
RRP: **£14.95**
AVAILABLE ON **KINDLE**

Birds of Uzbeksitan
by Nedosekov (2012)

FIRST AND ONLY PHOTOALBUM
OF UZBEKISTAN BIRDS!

This book, which provides an introduction to the birdlife of Uzbekistan, is a welcome addition to the tools available to those working to conserve the natural heritage of the country. In addition to being the first photographic guide to the birds of Uzbekistan, the book is unique in only using photographs taken within the country. The compilers are to be congratulated on preparing an attractive and accessible work which hopefully will encourage more people to discover the rich birdlife of the country and want to protect it for future generations

HARD BACK
ISBN: **978-0-955754913**
RRP: **£25.00**

Pool of Stars
by Olesya Petrova, Askar Urmanov,
English Edition (2007)

It is the first publication of a young writer Olesya Petrova, a talented and creative person. Fairy-tale characters dwell on this book's pages. Lovely illustrations make this book even more interesting to kids, thanks to a remarkable artist Askar Urmanov. We hope that our young readers will be very happy with such a gift. It's a book that everyone will appreciate. For the young, innocent ones - it's a good source of lessons they'll need in life. For the not-so-young but young at heart, it's a great book to remind us that life is so much more than work.

ISBN: **978-0955754906** **ENGLISH** AVAILABLE ON **KINDLE**

«Звёздная лужица»

Первая книга для детей, изданная британским издательством Hertfordshire Press. Это также первая публикация молодой талантливой писательницы Олеси Петровой. Сказочные персонажи живут на страницах этой книги. Прекрасные иллюстрации делают книгу еще более интересной и красочной для детей, благодаря замечательному художнику Аскару Урманову. Вместе Аскар и Олеся составляют удивительный творческий тандем, который привнес жизнь в эту маленькую книгу

ISBN: **978-0955754906** **RUSSIAN**
RRP: **£4.95**

Buyuk Temurhon (Tamerlane)
by C. Marlowe, Uzbek Edition (2010)

Hertfordshire based publisher Silk Road Media, run by Marat Akhmedjanov, and the BBC Uzbek Service have published one of Christopher Marlowe's famous plays, Tamburlaine the Great, translated into the Uzbek language. It is the first of Christopher Marlowe's plays to be translated into Uzbek, which is Tamburlaine's native language. Translated by Hamid Ismailov, the current BBC World Service Writer-in-Residence, this new publication seeks to introduce English classics to Uzbek readers worldwide.

PAPERBACK
ISBN: **9780955754982**
RRP: **£10.00**
AVAILABLE ON **KINDLE**

Kairat Zakiryanov

Under the Wolf nest.
Turkic Rhapsody

КӨКЖАЛ БЕЛГІСІМЕН. ТҮРКІ РАПСОДИЯСЫ

Under Wolf's Nest
by KairatZakiryanov
English –Kazakh edition

Were the origins of Islam, Christianity and the legend of King Arthur all influenced by steppe nomads from Kazakhstan? Ranging through thousands of years of history, and drawing on sources from Herodotus through to contemporary Kazakh and Russian research, the crucial role in the creation of modern civilisation played by the Turkic people is revealed in this detailed yet highly accessible work. Professor Kairat Zakiryanov, President of the Kazakh Academy of Sport and Tourism, explains how generations of steppe nomads, including Genghis Khan, have helped shape the language, culture and populations of Asia, Europe, the Middle East and America through migrations taking place over millennia.

HARD BACK
ISBN: **9780957480728**
RRP: **£17.50**
AVAILABLE ON **KINDLE**

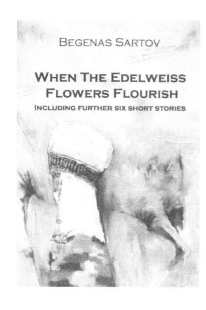

BEGENAS SARTOV

WHEN THE EDELWEISS
FLOWERS FLOURISH
INCLUDING FURTHER SIX SHORT STORIES

When Edelweiss flowers flourish
by Begenas Saratov
English edition (2012)

A spectacular insight into life in the Soviet Union in the late 1960's made all the more intriguing by its setting within the Sovet Republic of Kyrgyzstan. The story explores Soviet life, traditional Kyrgyz life and life on planet Earth through a Science Fiction story based around an alien nations plundering of the planet for life giving herbs. The author reveals far sighted thoughts and concerns for conservation, management of natural resources and dialogue to achieve peace yet at the same time shows extraordinary foresight with ideas for future technologies and the progress of science. The whole style of the writing gives a fascinating insight into the many facets of life in a highly civilised yet rarely known part of the world.

ISBN: **978-0955754951** PAPERBACK AVAILABLE ON **KINDLE**

Mamyry gyldogon maalda

Это фантастический рассказ, повествующий о советской жизни, жизни кыргызского народа и о жизни на планете в целом. Автор рассказывает об инопланетных народах, которые пришли на нашу планету, чтобы разграбить ее. Автор раскрывает дальновидность мысли о сохранение и рациональном использовании природных ресурсов, а также диалога для достижения мира и в то же время показывает необычайную дальновидность с идеями для будущих технологий и прогресса науки. Книга также издана на **кыргызском языке**.

ISBN: **9780955754951**
RRP: **£12.95**

Tales from Bush House
(BBC Wolrd Service)
by Hamid Ismailov
(2012)

Tales From Bush House is a collection of short narratives about working lives, mostly real and comic, sometimes poignant or apocryphal, gifted to the editors by former and current BBC World Service employees. They are tales from inside Bush House - the home of the World Service since 1941 - escaping through its marble-clad walls at a time when its staff begin their departure to new premises in Portland Place. In July 2012, the grand doors of this imposing building will close on a vibrant chapter in the history of Britain's most cosmopolitan organisation. So this is a timely book.

PAPERBACK
ISBN: **9780955754975**
RRP: **£12.95**
AVAILABLE ON **KINDLE**

Жулдуз Байзакова

Песни темного огня

Chants of Dark Fire
(Песни темного огня)
by Zhulduz Baizakova
Russian edition (2012)

This contemporary work of poetry contains the deep and inspirational rhythms of the ancient Steppe. It combines the nomad, modern, postmodern influences in Kazakhstani culture in the early 21st century, and reveals the hidden depths of contrasts, darkness, and longing for light that breathes both ice and fire to inspire a rich form of poetry worthy of reading and contemplating. It is also distinguished by the uniqueness of its style and substance. Simply sublime, it has to be read and felt for real.

ISBN: **978-0957480711**
RRP: **£10.00**

Kamila
by R. Karimov
Kyrgyz – Uzbek Edition (2013)

«Камила» - это история о сироте, растущей на юге Кыргызстана. Наряду с личной трагедией Камилы и ее родителей, Рахим Каримов описывает очень реалистично и подробно местный образ жизни. Роман выиграл конкурс "Искусство книги-2005" в Бишкеке и был признан национальным бестселлером Книжной палаты Кыргызской Республики.

PAPERBACK
ISBN: **978-0957480773**
RRP: **£10.00**

Gods of the Middle World
by Galina Dolgaya (2013)

The Gods of the Middle World tells the story of Sima, a student of archaeology for whom the old lore and ways of the Central Asian steppe peoples are as vivid as the present. When she joints a group of archaeologists in southern Kazakhstan, asking all the time whether it is really possible to 'commune with the spirits', she soon discovers the answer first hand, setting in motion events in the spirit world that have been frozen for centuries. Meanwhile three millennia earlier, on the same spot, a young woman and her companion struggle to survive and amend wrongs that have caused the neighbouring tribe to take revenge. The two narratives mirror one another, and Sima's destiny is to resolve the ancient wrongs in her own lifetime and so restore the proper balance of the forces of good and evil

PAPERBACK
ISBN: **978-0957480797**
RRP: **£14.95**
AVAILABLE ON **KINDLE**

Jazz Book, poetry
by Alma Sharipova , Russian Edition

Сборник стихов Алмы Шариповой JazzCafé, в котором предлагаются стихотворения, написанные в разное время и посвященые различным событиям из жизни автора. Стихотворения Алмы содержательные и эмоциональные одновременно, отражают философию ее отношения к происходящему. Почти каждое стихотворение представляет собой законченный рассказ в миниатюре. Сюжет разворачивается последовательно и завершается небольшим резюме в последних строках. Стихотворения раскрываются, как готовые «формулы» жизни. Читатель невольно задумывается над ними и может найти как что-то знакомое, так и новое для себя.

ISBN: 978-0-957480797
RRP: £10.00

13 steps of Erika Klaus
by Kazat Akmatov (2013)

The story involves the harrowing experiences of a young and very naïve Norwegian woman who has come to Kyrgyzstan to teach English to schoolchildren in a remote mountain outpost. Governed by the megalomaniac Colonel Bronza, the community barely survives under a cruel and unjust neo-fascist regime. Immersed in the local culture, Erika is initially both enchanted and apprehensive but soon becomes disillusioned as day after day, she is forbidden to teach. Alongside Erika's story, are the personal tragedies experienced by former soldier Sovietbek , Stalbek, the local policeman, the Principal of the school and a young man who has married a Kyrgyz refugee from Afghanistan . Each tries in vain, to challenge and change the corrupt political situation in which they are forced to live.

PAPERBACK
ISBN: **978-0957480766**
RRP: **£12.95**
AVAILABLE ON **KINDLE**

The Modernization of Foreign Language Education: The Linguocultural - Communicative Approach
by SalimaKunanbayeva (2013)

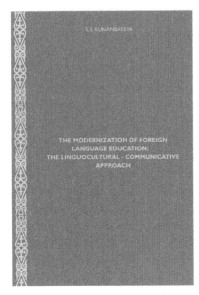

Professor S. S. Kunanbayeva - Rector of Ablai Khan Kazakh University of International Relations and World Languages This textbook is the first of its kind in Kazakhstan to be devoted to the theory and practice of foreign language education. It has been written primarily for future teachers of foreign languages and in a wider sense for all those who to be interested in the question (in the problems?) of the study and use of foreign languages. This book outlines an integrated theory of modern foreign language learning (FLL) which has been drawn up and approved under the auspices of the school of science and methodology of Kazakhstan's Ablai Khan University of International Relations and World Languages.

PAPERBACK
ISBN: **978-0957480780**
RRP: **£19.95**
AVAILABLE ON **KINDLE**

Shahidka/ Munabia
by KazatAkmatov (2013)

Munabiya and Shahidka by Kazat Akmatov National Writer of Kyrgyzstan Recently translated into English Akmatov's two love stories are set in rural Kyrgyzstan, where the natural environment, local culture, traditions and political climate all play an integral part in the dramas which unfold. Munabiya is a tale of a family's frustration, fury, sadness and eventual acceptance of a long term love affair between the widowed father and his mistress. In contrast, Shahidka is a multi-stranded story which focuses on the ties which bind a series of individuals to the tragic and ill-fated union between a local Russian girl and her Chechen lover, within a multi-cultural community where violence, corruption and propaganda are part of everyday life.

PAPERBACK
ISBN: **978-0957480759**
RRP: **£12.95**
AVAILABLE ON **KINDLE**

Howl *novel*
by Kazat Akmatov (2014)
English –Russian

The "Howl" by Kazat Akmatov is a beautifully crafted novel centred on life in rural Kyrgyzstan. Characteristic of the country's national writer, the simple plot is imbued with descriptions of the spectacular landscape, wildlife and local customs. The theme however, is universal and the contradictory emotions experienced by Kalen the shepherd must surely ring true to young men, and their parents, the world over. Here is a haunting and sensitively written story of a bitter -sweet rite of passage from boyhood to manhood.

PAPERBACK
ISBN: **978-0993044410**
RRP: **£12.50**
AVAILABLE ON **KINDLE**

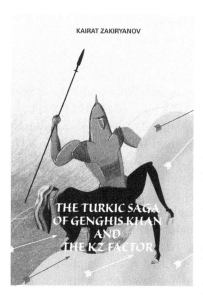

KAIRAT ZAKIRYANOV

The Turkic Saga
of Genghis Khan and the KZ Factor
by Dr.Kairat Zakiryanov (2014)

An in-depth study of Genghis Khan from a Kazakh perspective, The Turkic Saga of Genghis Khan presupposes that the great Mongol leader and his tribal setting had more in common with the ancestors of the Kazakhs than with the people who today identify as Mongols. This idea is growing in currency in both western and eastern scholarship and is challenging both old Western assumptions and the long-obsolete Soviet perspective. This is an academic work that draws on many Central Asian and Russian sources and often has a Eurasianist bias - while also paying attention to new accounts by Western authors such as Jack Weatherford and John Man. It bears the mark of an independent, unorthodox and passionate scholar.

HARD BACK
ISBN: **978-0992787370**
RRP: **£17.50**
AVAILABLE ON **KINDLE**

Alphabet Game
by Paul Wilson (2014)

Travelling around the world may appear as easy as ABC, but looks can be deceptive: there is no 'X' for a start. Not since Xidakistan was struck from the map. Yet post 9/11, with the War on Terror going global, could 'The Valley' be about to regain its place on the political stage? Xidakistan's fate is inextricably linked with that of Graham Ruff, founder of Ruff Guides. Setting sail where Around the World in Eighty Days and Lost Horizon weighed anchor, our not-quite-a-hero suffers all in pursuit of his golden triangle: The Game, The Guidebook, The Girl. With the future of printed Guidebooks increasingly in question, As Evelyn Waugh's Scoop did for Foreign Correspondents the world over, so this novel lifts the lid on Travel Writers for good.

PAPERBACK
ISBN: **978-0-992787325**
RRP: **£14.95**
AVAILABLE ON **KINDLE**

Life over pain and desperation
by Marziya Zakiryanova (2014)

This book was written by someone on the fringe of death. Her life had been split in two: before and after the first day of August 1991 when she, a mother of two small children and full of hopes and plans for the future, became disabled in a single twist of fate. Narrating her tale of self-conquest, the author speaks about how she managed to hold her family together, win the respect and recognition of people around her and above all, protect the fragile concept of 'love' from fortune's cruel turns. By the time the book was submitted to print, Marziya Zakiryanova had passed away. She died after making the last correction to her script. We bid farewell to this remarkable and powerfully creative woman.

HARD BACK
ISBN: **978-0-99278733-2**
RRP: **£14.95**
AVAILABLE ON **KINDLE**

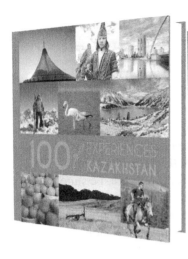

100 experiences of Kazakhstan
by Vitaly Shuptar, Nick Rowan
and Dagmar Schreiber (2014)

The original land of the nomads,
landlocked Kazakhstan and its expansive
steppes present an intriguing border
between Europe and Asia. Dispel
the notion of oil barons and Borat and be
prepared for a warm welcome into a land
full of contrasts. A visit to this newly
independent country will transport you
to a bygone era to discover a country
full of legends and wonders. Whether
searching for the descendants of Genghis Khan - who left his mark on this
land seven hundred years ago - or looking to discover the futuristic
architecture of its capital Astana, visitors cannot fail but be impressed
by what they experience. For those seeking adventure, the formidable Altai
and Tien Shan mountains provide challenges for novices and experts alike

ISBN: 978-0-992787356
RRP: £19.95

Dance of Devils , Jinlar Bazmi
by AbdulhamidIsmoil
and Hamid Ismailov
(Uzbek language),
E-book (2012)

'Dance of Devils' is a novel about the life of a great Uzbek writer Abdulla Qadyri (incidentally, 'Dance of Devils' is the name of one of his earliest short stories). In 1937, Qadyri was going to write a novel, which he said was to make his readers to stop reading his iconic novels "Days Bygone" and "Scorpion from the altar," so beautiful it would have been. The novel would've told about a certain maid, who became a wife of three Khans - a kind of Uzbek Helen of Troy. He told everyone: "I will sit down this winter and finish this novel - I have done my preparatory work, it remains only to write. Then people will stop reading my previous books". He began writing this novel, but on the December 31, 1937 he was arrested.

AVAILABLE ON **KINDLE**
ASIN: B009ZBPV2M

Vanished Khans and Empty Steppes
by Robert Wight (2014)

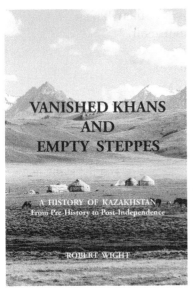

The book opens with an outline of the history of Almaty, from its nineteenth-century origins as a remote outpost of the Russian empire, up to its present status as the thriving second city of modern-day Kazakhstan. The story then goes back to the Neolithic and early Bronze Ages, and the sensational discovery of the famous Golden Man of the Scythian empire. The transition has been difficult and tumultuous for millions of people, but Vanished Khans and Empty Steppes illustrates how Kazakhstan has emerged as one of the world's most successful post-communist countries.

HARD BACK
ISBN: **978-0-9930444-0-3**
RRP: **£24.95**

PAPERBACK
ISBSN: **978-1-910886-05-2**
RRP: **£14.50**
AVAILABLE ON **KINDLE**

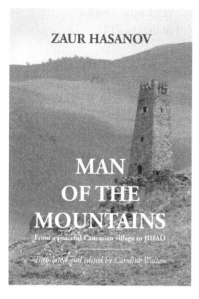

Man of the Mountains
by Abudlla Isa (2014)
(OCABF 2013 Winner)

Man of the Mountains" is a book about a young Muslim Chechen boy, Zaur who becomes a central figure representing the fight of local indigenous people against both the Russians invading the country and Islamic radicals trying to take a leverage of the situation, using it to push their narrow political agenda on the eve of collapse of the USSR. After 9/11 and the invasion of Iraq and Afghanistan by coalition forces, the subject of the Islamic jihadi movement has become an important subject for the Western readers. But few know about the resistance movement from the local intellectuals and moderates against radical Islamists taking strong hold in the area.

PAPERBACK
ISBN: **978-0-9930444-5-8**
RRP: **£14.95**
AVAILABLE ON **KINDLE**

Silk, Spice, Veils and Vodka
by Felicity Timcke (2014)

Felicity Timcke's missive publication, "Silk, Spices, Veils and Vodka" brings both a refreshing and new approach to life on the expat trail. South African by origin, Timcke has lived in some very exotic places, mostly along the more challenging countries of the Silk Road. Although the book's content, which is entirely composed of letters to the author's friends and family, is directed primarily at this group, it provides "20 years of musings" that will enthral and delight those who have either experienced a similar expatriate existence or who are nervously about to depart for one.

PAPERBACK
ISBN: **978-0992787318**
RRP: **£12.50**
AVAILABLE ON **KINDLE**

Finding the Holy Path
by Shahsanem Murray (2014)

"Murray's first book provides an enticing and novel link between her adopted home town of Edinburgh and her origins form Central Asia. Beginning with an investigation into a mysterious lamp that turns up in an antiques shop in Edinburgh, and is bought on impulse, we are quickly brought to the fertile Ferghana valley in Uzbekistan to witness the birth of Kara-Choro, and the start of an enthralling story that links past and present. Told through a vivid and passionate dialogue, this is a tale of parallel discovery and intrigue. The beautifully translated text, interspersed by regional poetry, cannot fail to impress any reader, especially those new to the region who will be affectionately drawn into its heart in this page-turning cultural thriller."

В поисках святого перевала – удивительный приключенческий роман, основанный на исторических источниках. Произведение Мюррей – это временной мостик между эпохами, который помогает нам переместиться в прошлое и уносит нас далеко в 16 век. Закрученный сюжет предоставляет нам уникальную возможность, познакомиться с историейй культурой Центральной Азии. «Первая книга Мюррей предлагает заманчивый роман, связывающий между её приемным городом Эдинбургом и Центральной Азией, откуда настоящее происхождение автора.

RUS ISBN: **978-0-9930444-8-9**
ENGL ISBN: **978-0992787394**
PAPERBACK
RRP: **£12.50**

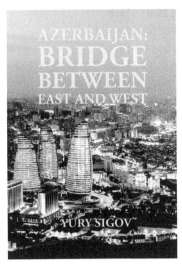

Azerbaijan:
Bridge between East and West
by Yury Sigov, 2015

Azerbaijan: Bridge between East and West, Yury Sigov narrates a comprehensive and compelling story about Azerbaijan. He balances the country's rich cultural heritage, wonderful people and vibrant environment with its modern political and economic strategies. Readers will get the chance to thoroughly explore Azerbaijan from many different perspectives and discover a plethora of innovations and idea, including the recipe for Azerbaijan's success as a nation and its strategies for the future. The book also explores the history of relationships between United Kingdom and Azerbaijan.

HARD BACK
ISBN: **978-0-9930444-9-6**
RRP: **£24.50**
AVAILABLE ON **KINDLE**

Kashmir Song
by Sharaf Rashidov
(translation by Alexey Ulko, OCABF 2014 Winner). 2015

This beautiful illustrated novella offers a sensitive reworking of an ancient and enchanting folk story which although rooted in Kashmir is, by nature of its theme, universal in its appeal.

Alternative interpretations of this tale are explored by Alexey Ulko in his introduction, with references to both politics and contemporary literature, and the author's epilogue further reiterates its philosophical dimension.

The Kashmir Song is a timeless tale, which true to the tradition of classical folklore, can be enjoyed on a number of levels by readers of all ages.

COMING SOON!!!
ISBN: 978-0-9930444-2-7
RRP: £29.50

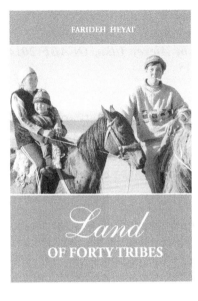

Land of forty tribes
by Farideh Heyat, 2015

Sima Omid, a British-Iranian anthropologist in search of her Turkic roots, takes on a university teaching post in Kyrgyzstan. It is the year following 9/11, when the US is asserting its influence in the region. Disillusioned with her long-standing relationship, Sima is looking for a new man in her life. But the foreign men she meets are mostly involved in relationships with local women half their age, and the Central Asian men she finds highly male chauvinist and aggressive towards women.

PAPERBACK
ISBN: **978-0-9930444-4-1**
RRP: **£14.95**

Terror: events, facts, evidence.
by Eldar Samadov, 2015

This book is based on research carried out since 1988 on territorial claims of Armenia against Azerbaijan, which led to the escalation of the conflict over Nagorno-Karabakh. This escalation included acts of terror by Armanian terrorist and other armed gangs not only in areas where intensive armed confrontations took place but also away from the fighting zones. This book, not for the first time, reflects upon the results of numerous acts of premeditated murder, robbery, armed attack and other crimes through collected material related to criminal cases which have been opened at various stages following such crimes. The book is meant for political scientists, historians, lawyers, diplomats and a broader audience.

PAPERBACK
ISBN: **978-1-910886-00-7**
RRP: **£9.99**
AVAILABLE ON **KINDLE**

THE PLIGHT OF A POSTMODERN HUNTER

Chlngiz Aitmatov.
Mukhtar Shakhanov

(2015)

"Delusion of civilization" by M. Shakhanov is an epochal poem, rich in prudence and nobility – as is his foremother steppe. It is the voice of the Earth, which raised itself in defense of the human soul. This is a new genre of spiritual ecology. As such, this book is written from the heart of a former tractor driver, who knows all the "scars and wrinkles" of the soil - its thirst for human intimacy. This book is also authored from the perspective of an outstanding intellectual whose love for national traditions has grown as universal as our common great motherland.

I dare say, this book is a spiritual instrument of patriotism for all humankind. Hence, there is something gentle, kind, and sad, about the old swan-song of Mukhtar's brave ancestors. Those who for six months fought to the death to protect Grand Otrar - famous worldwide for its philosophers and rich library, from the hordes of Genghis Khan.

LANGUAGES ENG
HARDBACK
ISBN: **978-1-910886-11-3**

The Wormwood Wind
Raushan
Burkitbayeva- Nukenova (2015)

A single unstated assertion runs throughout The Wormwood Wind, arguing, amid its lyrical nooks and crannies, we are only fully human when our imaginations are free. Possibly this is the primary glittering insight behind Nukenova's collaboration with hidden Restorative Powers above her pen. No one would doubt, for example, when she hints that the moment schoolchildren read about their surrounding environment they are acting in a healthy and developmental manner. Likewise, when she implies any adult who has the courage to think "outside the box" quickly gains a reputation for adaptability in their private affairs – hardly anyone would doubt her. General affirmations demonstrating this sublime and liberating contribution to Global Text will prove dangerous to unwary readers, while its intoxicating rhythms and rhymes will lead a grateful few to elative revolutions inside their own souls. Thus, I unreservedly recommend this ingenious work to Western readers.

HARD BACK
ISBN: **978-1-910886-12-0**
RRP: **£14.95**

My Homeland, Oh My Crimea
by Lenifer Mambetova
(2015)

Mambetova's delightful poems, exploring the hopes and fates of Crimean Tartars, are a timely and evocative reminder of how deep a people's roots can be, but also how adaptable and embracing foreigners can be of their adopted country, its people and its traditions.

LANGUAGES ENG / RUS
HARDBACK
ISBN: **978-1-910886-04-5**

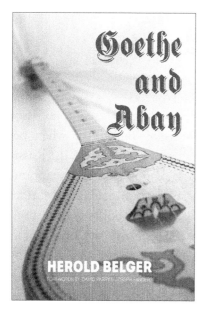

GOETHE AND ABAI
by Herold Belger
2015

In this highly original extended essay, renowned author and critic Herold Belger explores an uncanny similarity between the life and career of that great genius of the Weimar Republic Johann Wolfgang von Goethe, and the legendary wordsmith from the Central Asian steppes, Abai. A resemblance previously ignored by most mainstream critics, even though a comparison that is bound to delight enlightened readers. As such, this rare and lyrical discussion examines the poetry, music, and prose of this golden period, while the author takes a number of biographical steps on a personal journey into the Germanic side of his own ethnic and cultural heritage. As such, Belger shamelessly plays with notions of shared influence, common sources, and possible pathways whereby the reading circles developed in this region are clearly revealed as mechanisms for the dispersion of high art and culture.

LANGUAGES ENG
HARDBACK
ISBN: 978-1-910886-16-8
RRP: £19.95

"The true story of immigration"
— Paul Wilson is a long time writer on the Silk Road —

CRANES IN SPRING

TOLIBSHOHI DAVLAT

The best work in the literary competition
"Open Central Asia Book Forum and Literature Festival - 2014"

"Cranes in Spring"
by Tolibshohi Davlat
(2015)

This novel highlights a complex issue that millions of Tajiks face when becoming working migrants in Russia due to lack of opportunities at home. Fresh out of school, Saidakbar decides to go to Russia as he hopes to earn money to pay for his university tuition. His parents reluctantly let him go providing he is accompanied by his uncle, Mustakim, an experienced migrant. And so begins this tale of adventure and heartache that reflects the reality of life faced by many Central Asian migrants. Mistreatment, harassment and backstabbing join the Tajik migrants as they try to pull through in a foreign country. Davlat vividly narrates the brutality of the law enforcement officers but also draws attention to kindness and help of several ordinary people in Russia. How will Mustakim and Saidakbar's journey end? Intrigued by the story starting from the first page, one cannot put the book down until it's finished.

LANGUAGES ENG / RUS
HARDBACK
ISBN: **978-1-910886-06-9**
RRP: **£14.50**

MAKSIM KORSAKOV

The Hollywood Conundrum or Guardian of Treasure

Maksim Korsakov

(2015)

In this groundbreaking experimental novella, Maxim Korsakov breaks all the preconceived rules of genre and literary convention to deliver a work rich in humour, style, and fantasy. Starting with a so-called "biographical" account of the horrors lurking beneath marriages of convenience and the self-delusions necessary to maintain these relationships, he then speedily moves to a screenplay, which would put most James Bond movies to shame. As if international espionage were not enough, the author teases his readers with lost treasure maps, revived Khanates, sports car jousting, ancient aliens who possess the very secrets of immortality, and the lineal descendants of legendary Genghis Khan. All in all, an ingenious book, as well as s clear critique of traditional English narrative convention.

LANGUAGES ENG / RUS
PAPERBACK
ISBN: **978-1-910886-14-4**
RRP: **£24.95**

Lightning Source UK Ltd.
Milton Keynes UK
UKOW06f2324290316

271124UK00001B/24/P